신화로 읽고 역사로 쓰는 그리스

신화로 읽고
역사로 쓰는
그리스

김영숙 지음

일파소

일러두기

- 인명과 지명 등의 외래어 표기는 국립국어원 외래어 표기법을 준수하되 일부는 관용적 표기를 따랐습니다.
- 미술 작품의 경우, 작가명, 〈작품명〉, 연대, 기법, 사이즈, 소장처 순으로 했습니다.
- 미술 작품은 〈 〉, 단행본은 「 」로 묶었습니다.
- 이 책에 수록된 사진 대부분은 저자가 그리스 현지에서 직접 촬영한 것으로 저작권은 저자에게 있습니다.

"나의 소원은 여러분이 아테네의 위대성을 매일 보고,
아테네를 사랑하게 되는 것입니다."

페리클레스
(Perikles, 기원전 495년경~기원전 429)

들어가는 말

18세기, 그리스에 미쳐 '근대의 그리스인'이라 불린 독일의 미술 고고학자 빈켈만(Johann Joachim Winckelmann, 1717~1768)이 칭송한 고대 그리스 예술의 특징은 '고귀한 단순함과 고요한 위대함'이다. 그의 고대 그리스에 대한 사랑은 당대 서구 사회에 유행했던 고전주의 열풍과 궤적을 함께 한다.

  소위 '고전'이라는 것을 거칠게 풀어쓰자면 시대와 장소를 불문하고 영원히 추종할 수밖에 없는, 그리하여 가장 모범적인 전형이 될 수 있는 것을 의미한다. 예술사에서 고전주의는 페르시아 전쟁에서의 승리 직후, 아테네를 중심으로 사회 문화적 위상이 절정에 달했던 기원전 5세기 전후의 건축을 포함한 미술 전반을 '고전'으로 삼고, 그를 흠모하고 따르고자 하는 경향이라 할 수 있다. 빈켈만이 언급한 '고귀한 단순함과 고요한 위대함'은 사실, 그리스 고전 미술을 두고 언급한 것으로 조화와 균형 그리고 명료함 등을 특징으로 한다. 제우스니 헤르메스니 하는 신상(神像, 그러나 사실상 인체를 묘사한 것으로 볼 수 있다)의 예를 들면, 얼굴과 몸통, 사지의 길이는 그 누구라도 아름답다 여길 수밖에 없는 조화로운 비율을 정한 뒤 제작되었다. 즉 8등신이냐, 9등신이냐로 시작해서 얼굴 전체 길이와 이마 길이의 비율, 팔 전체 길이와 손의 비율 등 등을 그저 '생긴대로'가 아니라, '수학적 계산'을 통해 만들었던 것이다. 따라서 그들은 인간의 모습을 어긋남 없이 반영하고 있다는 점에서는 지극히 사실적이지만, 실재할 수 없을 정도로 비율이 아름다운, 너무나 완벽해서 지상의 사람들은 그저 꿈이나 꿀 수밖에 없는 '이상적'인 자태를 뽐낸다. 게다가 표정이나 자세가 과장되지 않아, 차분하고 정적이며, 세련된 느낌을 준다. 이런 경향은 신전 건축에서도 마찬가지로 적용된다. 수학적으로 정확한 비율을 적용하였고 균형감이 도드라지며, 좌우 대칭의 엄격함이 살아 있었다. 감정적이거나 격하거나 과장되거나 수선스럽지 않았고, 단순하지만 고귀하고 정적이면서도 세련되었다. '모든 것을 과도하지 않게!' 델피의 아폴론 신전에도 새겨진 이 금언은 그리스인들이 머리와 손으로 만든 인공의 것들에 고스란히 적용되어 있었다.

    반면에, 그리스의 자연은 달라도 너무 달랐다. 그리스의 바다는 내가 알던 그 어떤 파랑보다 파랬고, 그 바람들은 내가 알던 그 어떤 바람보다 바람 같았다. 그 땅들은 내가 알던 그 어떤 아름다움보다 아름다웠다. 이런 나라라면 내가 알던 그 어떤 사랑보다 사랑 같은 사랑을 할 수 있을 것 같았다. 모든 것이 너무나도 '과도'했다. 가파른 산들에 눈을 팔다보면, 쳐다보는 눈동자에서 푸른 눈물이 툭 터질 듯 파란 하늘이 치고 들어왔고, 푸른 물결이 허리께를 감싸도 선원을 유혹하여 죽음에 이르게 한다는 세이레네스의 노래라도 들은 것처럼 속수무책 몸을 놓고 싶어졌다. 살랑이는 바람이 급작스레 포악한 성정을 드러내며 무르팍을 걷어차도 그냥 주저앉을망정 도망치고 싶지는 않았다.

이 과도한 아름다움을 영원히 잡아 두기 위해선 인간의 힘을 넘어서는 신이 필요했을 것이다. 그리스인들은 신전을 지어 신을 유혹했다. 그리고 그 신전에 기꺼이 거하기로 결정한 신들은 자신에게 할당된 만큼의 영역을 지배했다. 신들은 그리스라는 공간과 시간에 언제나 차고 넘치는 호흡을 불어넣었다. 극단적인 사랑을, 지나친 이별을, 터질 듯한 기쁨과 슬픔을, 격정의 쾌감과 그 만큼의 고통을 선사했고, 눈이 멀 만큼의 아름다움을 선사했다.

'모든 것을 과도하지 않게'라는 고전주의적 이상이 그리스라는 혈관을 타고 돌아 서양의 역사라는 뼈대를 탄생시키는 동안 고귀한 단순함과 고요한 위대함을 벗어난 시끄럽고 경박하고 천한, 그래서 인간보다 더 인간적인 신들이 모여 그리스, 나아가 서양 정신의 살을 만들었다.

그리스는 신화와 역사가 뒤섞인 곳이다. 신화의 길을 따라 걷다가 만나는 역사의 광장이며, 역사의 강을 건너다 빠지게 되는 신화의 늪이다. 사실 기록만으로는 도저히 그리스를 이해할 수 없고, 신화만으로 그리스를 읽는 것도 반 쪽짜리에 지나지 않는다. 그것은 속을 모르고 겉을 보는 얄팍함, 혹은 겉을 모르고 속을 보겠다는 만용과도 같다. 논리와 상상이 교묘한 방식으로 얽혀 있는 그리스는 '과도한 그 모든 것'과 '과도하지 않은 또 다른 모든 것'이 함께 한다.

『신화로 읽고 역사로 쓰는 그리스』는 물과 기름처럼 이질적인 그 둘이 버무려져 뜻밖의 맛을 내는 그리스라는 나라에 대한 책이다.

19세기가 저물고 20세기가 동트자마자 독일에는 '진보적이고 새로운 정신을 회화라는 표현 수단과 잇는 다리'가 되기를 자처한 예술가들의 모임 〈다리파〉가 결성되었다. 그 모임이 추구하던 바를 슬쩍 빌려 말하자면, 이 책은 그리스의 역사와 신화를 잇는 다리이자, 겉으로 알던 그리스와 그 속사정을 잇는 다리, 나아가 본격적으로 그리스 고전을 통한 인문학 읽기에 접근하기 위해 꼭 건너야 하는 다리가 되었으면 하는 바람에서 만들어졌다. 과거를 논하는 역사이지만, 결국은 현재의 우리를 일깨우고 미래를 제시하듯, 신화 역시 허무맹랑하지만, 현실의 우리 삶을 고스란히 반영하는 또 다른 거울이기도 하다. 그런 의미에서 책은 '그리스'라는 과거와 '우리'라는 현재를 잇는 다리이기도 하다.

원고를 위해 신화연구소의 김원익 박사와 윤윤심 선생이 인솔하는 그리스 여행팀에 합류했다. 그들이 없었다면 이 책의 탄생은 불가능했다. 가는 곳곳마다 너무나도 아름다운 풍광에 '과도하게' 가슴이 벅차, 탄성을 지를 때 그 감격에 기꺼이 동의해 주며 고귀한 단순함과 고요한 위대함의 미소로 화답해준 여행 친구들이 있어 외롭지 않았다. 그들에게 감사한다. 글 쓰는 동안 잔뜩 부산스러운 나를 언제나 그렇듯 침묵으로 지원해 준 남편과 두 딸 서영, 정민에게 더 말할 나위 없이 감사한다. 특별히 그리스에 대한 관심과 사랑으로 이 책의 출간을 위해 격려와 응원을 아끼지 않은 최영동, 김미경 부부에게 깊은 감사를 전한다.

   그리스를 안다는 것은 사람이 태어나 알아야 할 그 많은 것들의 시작이 될 수도 있다.

2017. 김영숙

차례

들어가는 말 6
헬라스 16
신화로 읽다 20
역사로 쓰다 24

1 아테나의 아테네 37
어미 없이 태어나다 41 · 처녀의 신, 아테나 43 ·
아이스킬로스의 비극,〈오레스테이아 3부작〉 45 ·
눈치껏 현명한 여성상 47 · 전쟁의 여신 49 · 도시 수호의 여신 51

2 신을 위한 언덕, 아테네 아크로폴리스 55
하늘 가까운 곳 57 · note 페르시아 전쟁 58 · note 참주 살해자 62
프로필라이아 65 · note 그리스 신전의 구조와 기둥 68
아테나 니케 신전 71 · 파르테논 신전 75 · note 황금비율의 신전 78
리카비토스(뤼카베토스) 언덕 91 · 에레크테이온 95
note 고전 시대의 종말 102

3 사람을 위한 땅 105
제우스 107 · 제우스 신전 109 · 하드리아누스의 아치 115
디오니소스 대극장 117 · 헤로데이온 127 · 아레오파고스 129
프닉스 133 · 아고라, 체험 삶의 현장 137 · 헤파이스토스 신전 139
아탈로스 스토아 147 · note 도편추방제 이야기 148

4 아이기나 153
아이기나 섬 155 • 개미인간 159 • 성 니콜라스 교회 161
그리스인 조르바 163 • 아파이아 신전 167
아기오스 넥타리오스 수도원 171

5 수니온 곶 175
영화 페드라 177 • 가이아와 우라노스 179
말을 만든 신, 포세이돈 181 • 포세이돈 신전 185 • 다시 페드라 187

6 코린트 191
코린트 운하 193 • 아크로코린트 199 • 레카이온 대로 201
베마 205 • 코린트 아폴론 신전 207 • 페이레네 샘 209
글라우케 샘 211

7 미케네 213
트로이 전쟁 219 • 아가멤논 221 • note 미케네 문명과 하인리히 슐리만 222
아트레우스 보물창고 227 • 사자문 229 • 원형무덤 A(톨로스) 231

8 에피다우로스 233
　　아스클레피오스 237 · 아스클레피오스 성역 241
　　에피다우로스 극장 245

9 바세 247
　　아르카디아 249 · 치유하는 아폴론 251 · 에피쿠리우스 신전 253

10 올림피아 257
　　note 올림픽의 역사 260 · 김나시온 267 · 경기장 269
　　note 펠롭스의 섬, 펠로폰네소스 270 · 미르틸로스의 저주 273
　　제우스 신전 275 · 헤라 신전 293 · 필리페이온 297

11 델피 299
　　파르나소스, 빛나는 바위 305 · 배꼽, 곧 세상의 중심 309
　　신의 말씀으로 곳간 채우기 311 · 용용 죽겠지 313
　　아테나 프로나이아 315 · 아테네의 보물창고 317
　　낙소스의 스핑크스 319 · 시빌의 바위 321 · 아폴론 신전 323
　　델피 극장 325 · 델피의 스타디온 327

12 스파르타 331
　　라케다이몬 333 · 전사의 이미지, 스파르타 335 · 아르테미스 337
　　헤일로타이 339 · 스파르타의 여성 341 · 강한 자가 살아 남는다 345
　　레오니다스 347

13 미스트라스 349
note 몸은 동로마제국, 마음은 그리스 350 · 라틴제국 353
빌라르두앵 355 · 게미스토스 357 · 미스트라스 궁전 359
미트로폴리스 교회 361 · 페리블레프토스 수도원 369

14 모넴바시아 373
단 하나의 입구 375

15 크레타 381
크레타에서 시작하다 385 · 포세이돈의 분노 387 · 크노소스 궁전 389
이라클레이온 399 · 카잔차키스, 나는 자유다 403

16 산토리니 411
아틀란티스 414 · 산토리니 416 · 초승달로 태어나다 421
그리스 국기를 닮다 425

에필로그 426

헬라스

'그리스!' 라틴어 'Graecia'(그라에치아)를 영어식으로 바꾼 것이다. 기원전 1000년경, 그리스 서북부 지역에 살던 '그라이코이Graikoi' 부족들이 남부 이탈리아에 식민지를 세운 이래로 로마인들은 아드리아 해 건너편에서 온 이들이라면 죄다 그라이키아 사람이라 부르기 시작했다. 또한 로마인들은 이들이 식민지를 건설해 살던 남부 이탈리아 지역 일대를 마그나 그라에치아 'Magna Graecia'(Great Greece, 대그리스)라고 불렀다.

정작 그리스 사람들은 자신들의 나라를 헬라스라고 부른다. '헬라스Hellas'는 '헬렌의 후손들(Hellenes, 헬레네스)'이라는 말에서 시작되었다. 〈구약〉에 노아를 주인공으로 하는 대홍수가 있다면, 그리스 신화에는 데우칼리온의 대홍수 이야기가 있다. 데우칼리온의 아버지 프로메테우스는 제우스 몰래 인간에게 불을 건네주었다가 들통이 나서 바위에 묶인 채 늘 독수리에 간을 쪼아 먹히는 형벌을 받은 전력이 있는, 그야말로 '친인간파' 신이다. 인간 세상이 마음에 들지 않았던 제우스는 홍수로 다 밀어버리고 새 판을 짤 생각을 했던 모양이다. 다행히도 프로메테우스는 이 사실을 국가정보원보다 더 빠른 정보력으로 알아내고, 아들 데우칼리온과 며느리 퓌라에게 귀띔을 해주었다. 부부는 노아가 방주를 짓듯, 큼지막한 상자를 만들어 아흐레 낮과 아흐레 밤을 지내며 물이 빠지길 기다렸고, 이윽고 테살리(Thessaly, 호메로스의 오디세이에서는 이 지역을 아이올리아(Aeolia)라고 부른다) 지역에 정착했다. 이 두 부부 사이에 태어난 아들이 헬렌이다. 헬렌은 도로스, 크수토스, 아이올로스라는 세 아들을 두었는데, 도로스의 후손이 도리아 족, 아이올로스의 후손은 아이올리아 족, 그리고 크수토스의 두 아들 아카이오스와 이온이 각각 아카이아 족과 이오니아 족으로 이어져 그리스의 주요 종족을 이루게 되었다.

신화로 읽다

고대 그리스인들은 자신들을 둘러싸고 있는 세계 즉, 자연에, 물질에, 현상에, 정신에 예사롭지 않은 관심을 가졌고, 늘 그 의미를 상상했다. 그리고 그 상상들을 모아 입술로 보듬었다가 문자가 생기면서부터는 글자로 토해 냈다.

이해하지 못할 정도로 변덕스러운 계절과 날씨의 변화에 대해, 더불어 살아가는 사람의 생로병사, 만남의 신비와 이별의 당혹스러움에 대해 그들은 늘 "왜?"라고 물었고, 그 대답들이 차곡차곡 이어지고 부풀어 올라 신이 되었고, 그것들을 전하는 이야기, 신화가 탄생했다.

신화는 논리적이지 않다. 합리의 통제에서 벗어나 있다. 등장하는 신들 역시 충동적이고 감각적이다. 오죽했으면 플라톤은 하는 짓이 잡스럽기 짝이 없는 이 무지막지한 신들을 비판하고, 이런 신들의 이야기를 집대성하고 노래하는 시인들을 자신이 생각하는 이상적인 국가에서 추방해 버리기까지 했을까. 논리라는 이성적 언어, 로고스(logos)와 대비되는 허구의 이야기, 즉 미토스(mythos, 신화)는 거의 '~카더라' 수준으로, '맞을 리도 없지만 틀려도 그만이고!'에 불과하다. 하지만, 상식을 벗어난 허무맹랑한 상상들은 강제된 규율과 정제된 도덕에서의 일탈, 일종의 해방구가 될 수 있으며, 한편으로는 역사를 추정하고 해석하는 힘이 되기도 한다.

예컨대, 아비를 죽이고 왕권을 쟁취하는 제우스의 신화를 통해, 모든 새로운 것은 오래되어 낡고, 급기야 인습이 된 것을 제거하고자 하는 욕망에서 비롯된다는 의지의 역사를 표방한다. 크로노스의 신화에서는 태어나는 자식을 잡아 먹지만 결국 그 자식에게 패하고 마는, 권위의 세대 간 이동을 두려워하는 구세대와 그 권위를 쟁취하게 되는 새로운 세대 간의 알력의 역사를 음미할 수 있다.

나라마다 건국신화를 포함한 여러 가지 신화들이 있기 마련이지만, 고대 그리스에는 입으로 전해지는 이야기에 멋진 옷을 입혀 손으로 기록한 호메로스(Homeros, 기원전 800?~기원전 750)가 있어 더 특별해졌다. 호메로스가 실제 존재한 사람인지, 아니면 당시 노래로 이야기를 전하던 음유시인들 일반을 대신하는 가상의 이름인지는, 그가 장님이었는지 아닌지 만큼이나 분명하지 않다. 어쨌건 호메로스는 기원전 16~기원전 11세기경, 청동기 시대의 미케네 문명 시절의 영웅들이 등장하는 트로이 전쟁 이야기『일리아스』와 전쟁이 끝난 뒤 오디세우스가 자신의 고향 이타카로 돌아가기까지의 과정을 담은『오디세이』를 기원전 8세기경에 완성했다. 그리고 타고난 이야기꾼, 헤시오도스(Hésiodos, 기원전 8세기경 추정)나 비극작가 아이스킬로스(Aeschylos, 기원전 525?~기원전 456), 소포클레스(Sophokles, 기원전 496~기원전 406), 에우리피데스(Euripides, 기원전 484~기원전 406?)와 희극 작가 아리스토파네스(Aristophanes, 기원전 445?~기원전 385?) 등이 신화의 내용들을 담아 극화 시켰다. 그밖에 서정시인, 역사가, 철학가들을 거쳐 로마의 오비디우스(Publius Naso Ovidius, 기원전 43~17)에 이르기까지 그리스 신화는 거의 700~800년 간에 걸쳐 만들어졌다.

이들 신화는 후세 사람들에게, 순전히 '뻥이요!'로 여겨졌던 적이 있다. 그러나 집요하게 『일리아스』가 노래하는 전쟁 관련 유적들을 파헤친 아마추어 고고학자, 하인리히 슐리만(Heinrich Schliemann, 1822~1890)의 발굴로 상당 부분이 사실에 기반을 둔 것임을 확인할 수 있었다. 그렇다고 해서 신화를 완전히 역사로 보는 것은 분명 무리가 있다. 그리스 신화는 그리스인들이 그리스를 읽고 쓰는 방식 중 하나라고 보는 것이 옳다. 풀 한 포기, 꽃 한 송이, 나무 한 그루부터, 달 하나, 별 둘까지, 위대한 영웅과 눈부신 업적들, 치열한 전투와 승리, 패배, 나아가 그 안에 깃든 사랑과 증오, 배신과 음모를 어떤 식으로 보고, 읽고, 쓰느냐에 따라 역사 혹은 신화가 쓰여졌다. 그 모든 것을 철저한 고증을 바탕으로 하는 정보의 차원으로 읽고자 하는 이는 역사를, 밖으로 드러난 현상 저 깊은 곳에 숨은 이야기들을 상상으로 꺼내서 은유로 다듬으려는 자는 신화를 썼다.

역사로 쓰다

"그리스의 얼굴은 열두 번씩이나 글씨를 써넣었다가 지워 버린 팔림프세스트(쓰인 글자를 지우고 그 위에 다시 쓰게 되어 있는 양피지:역자 주)이다. 석기 시대, 에게 해 시대, 미케네 시대, 도리스 중간 시대, 고전 시대, 헬레니즘 시대, 로마 시대, 비잔티움 시대, 프랑크 족의 침략기, 터키인의 강점기, 1821년의 그리스 독립운동기, 현대, 이렇게 12시대가 그 얼굴에 새겨져 있는 것이다"

「모레아 기행」, 니코스 카잔차키스, 이종인 역

그리스가 자랑하는 『그리스인 조르바』의 저자, 카잔차키스가 언급한 그리스의 얼굴은 석기 시대의 첫 얼굴에 이어, 메소포타미아와 이집트 등, 오리엔트 문명의 영향을 받아 유럽에서 첫 번째로 일어난 문명이라 할 수 있는 미노아문명으로 형성되면서 두 번째 얼굴로 이어졌다.

대체로 기원전 3650년 에게 해의 섬, 크레타를 중심으로 일어난 '미노아' 문명은 신화 속의 왕 '미노스'왕의 이름에서 비롯된 것으로, 인근의 여러 섬과 그리스 본토에 해당하는 지역에까지 영향을 미쳤다. 기원전 1500년경 산토리니 섬의 화산 폭발과 뒤이은 미케네 문명이 확산되면서 사양길에 접어든다.

세 번째 얼굴은 그리스 본토 미케네에서 일어난 문명이다. 기원전 2000여년 전부터 유럽 대륙 북녘에서 내려온 이들이 남쪽 크

이타카 섬의 오디세우스 동상

레타의 미노아가 가진 유무형의 유산들을 흡수하면서 세를 키워 이룩한 문명이다. 트로이 전쟁은 대체 신인지 인간인지 모를 그리스의 영웅들이 희대의 미녀 왕비 헬레나를 뺏아간 트로이의 왕자 파리스에 대한 응징으로 시작되었는데, 신화로는 그냥 옛날 옛적 일지 모르지만, 역사로서는 기원전 1250년경의 미케네 문명 시절의 이야기로 그 유명한 호메로스의 『일리아스』와 『오디세이』의 배경이 되었다.

네 번째, 카잔차키스가 도리스 중간 시대라고 말한 기간은 기원전 1200년경, 미케네 문명이 뚝 하고 끝나면서 시작된다. 미케네의 멸망은 발칸 반도 쯤에서 내려온 거칠고 야만스러운 도리스 족의 남하 탓으로 추정되는데, 이때부터 기원전 800년 정도까지의 시기는 인구가 급감하고, 도시가 대부분 파괴된 채 문자마저 없어 기록도 사라져, 그리스의 암흑기라는 별로 달갑지 않은 별명으로 불린다. 이 기간은 마치 술에 취해 소위 말하는 필름이 끊어진 상태처럼 그리스의 기억에서 사라졌거나 남아 있다 하더라도 희미하기만 하다.

다섯 번째 얼굴은 우리가 '그리스!' 하면 떠올리는 가장 익숙한 얼굴로 카잔차키스가 '고전 시대'라고 일컫는 시기이다. 기원전 800년경, 그리스에 문자가 등장했다. 그리고 그 문자를 이용해 기원전 8세기, 호메로스가 『일리아스』와 『오디세이』를 썼고, 헤시오도스가 『신통기』를 남겼다. 완전히 꺼진 줄 알았던 그리스 라는 심지에 불이 붙었고, 이내 활활 타오르기 시작했다. 상업이 발달하면서 도시국가, 즉 폴리스들이 들어서기 시작했고, 지중해의 해상권을 쟁취, 곳곳에 식민지를 건설하면서 동쪽 저 너머에서 세를 확장하던 페르시아와 패권 다툼이 벌어지기도 한다. 아테네의 페르시아에 대한 승리는 도시민들 개개인의 승리로 이어졌다. 승리의 주역 페리클레스(Perikles, 기원전 495?~기원전 429) 치하에 시민 모두가 주권을 행사하는 민주제가 틀을 잡기 시작했고, 파르테논 신전이 지어졌다, 철학이 발달하고, 예술이 꽃피면서 이후 그 어느 시대, 그 누구에게도 귀감이 될 수밖에 없는 그야말로 서양 문화의 '고전'들이 이 시기에 단단한 틀을 잡았다.

여섯 번째 얼굴은 그리스가 처음으로 헬레네스가 아닌 이민족의 지배하에 놓이게 되는 기원전 4세기경부터 시작된다. 그리스에 대한 이민족 침략의 역사는 19세기, 열 번째 얼굴까지 지속된다. 민주제를 꽃피웠던 아테네는 스파르타와 일종의 내전을 벌이다 패배한다. 전쟁 뒷 끝의 특징이 그렇듯, 그리스 도시국가들은 승자건 패자건 할 것 없이 기력이 다한 상태에서 북녘에서 침략한 전제 국가 마케도니아의 필리포스 2세(Philippos II, 재위 기원전 359~기원전 336)에게 무릎을 꿇는다. 그리스의 도시국가들은 그리스어를 사용하지 않는 마케도니아인들을 자신들과 같은 조상을 둔 '헬레네스'라 생각하지 않았다. 필리포스 2세의 뒤를 이은 알렉산더 대왕(Alexander the Great, 재위 기원전 336~기원전 323)은 페르시아를 정복하고 여세를 몰아 아프리카로, 아시아로 영토를 넓혀 대 제국을 건설한다. 알렉산더가 취한 그리스 문화의 씨앗은 그가 넓히는 땅에 뿌리를 내리면서 헬레니즘 문화를 꽃피웠다.

그리스의 일곱 번째 얼굴은 로마의 지배하에서 만들어졌다. 후사 없이 알렉산더가 죽자, 그의 제국은 여러 나라로 쪼개진 채 분열되었다. 그 틈에 성장한 로마는 알렉산더의 깃발이 꽂혔던 땅을 하나 하나 속주로 만드는데 성공한다. 기원전 2세기경, 그리스의 도시국가들도 예외가 아니었다. 로마에서 벗어나기 위한 그리스인들의 저항이 만만치 않았지만, 그때마다 로마는 더한 응징으로 맞섰다. 이 어려운 시기를 겪어가는 동안 그리스인들은 어쩌면 자신들을 더 이상 보호해주지 않는 제우스나 아폴론, 혹은 아테나로부터 마음을 접었는지도 모른다. 대신 그들은 팔레스타인에서부터 들어온 하나님을 그 누구보다 열린 마음으로 받아들였다. 이윽고 신약성서가 그리스어로 쓰여지고, 그리스 출신의 초대 교부들이 활동하면서 교세가 확장되기 시작했다. 이제 그리스는 신화의 나라가 아니라, 기독교 왕국으로 변하고 있었다. 로마제국의 콘스탄티누스 황제(Constantine the Great, 재위 306~337)는 313년, 그간 탄압하던 기독교를 받아들였고, 수도를 비잔티움Byzantium이라 불리던 한 도시로 옮긴 뒤(330년), 그를 콘스탄티노플(Constantinople, 현재 이스탄불)이라 개명했다. 얼마가지 않아 로마제국은 원래의 수도 로마를 중심으로 하는, 라틴어권의 서로마제국과 콘스탄티노플을 중심으로 하는 그리스어권인 동로마제국(혹은 비잔티움 제국)으로 나뉜다. 476년 게르만 족의 침입으로 서로마제국이 멸망하는 동안, 동로마제국은 1453년, 오스만투르크 족에 의해 멸망하는 날까지 존속한다.

여덟 번째의 얼굴이다. 사실상 동로마제국은 그리스제국과 크게 다를 것도 없었다. 라틴어만 고집하는 유스티니아누스 대제(Justinian the Great, 재위 527~565)가 6세기경, 세를 과시하기도 하였으나, 대부분의 동로마 황제들은 그리스어를 사용하였고, 제국의 고위직 구성원들은 죄다 그리스어를 모국어로 하는 그리스인들이었으며, 공용어 역시 그리스였다. 언어는 사고를 담는 그릇이며, 문화를 보듬는 집이다. 그리스어를 사용하는 비잔티움제국은 역으로 그리스에 정복당한 문화의 식민지였다. 비잔티움의 그리스인들은 로마에 근거지를 두고, 라틴어로 성서를 읽고 미사를 집도하는 로만 가톨릭교회와 교리를 비롯한 여러 가지에서 입장과 해석을 달리하는, 그리고 그리스어 중심의 동방정교를 따랐다.

아홉 번째. 게르만 족의 일파인 프랑크 족 왕가의 샤를마뉴(Charlemagne, 재위 768~814)는 자신이야말로 서로마제국을 잇는

이타카 섬의 호메로스 상

적통이라 천명하며 신성로마제국의 황제임을 자처했고, 로만 가톨릭의 교황으로부터 황제의 관을 수여받기까지 한다. 신성로마제국은 곧 동쪽의 비잔티움제국과 그 너머로 동방의 이슬람 등과 함께 알력관계에 놓이게 된다. 11세기 말, 로만 가톨릭 교황은 이슬람 치하의 예루살렘 성지 탈환이라는 명분으로 십자군 전쟁을 주도했는데, 이는 어찌보면 비잔티움제국과 동방 정교회에 대한 힘의 우위를 과시하는 방편이기도 했다. 그 결과, 1204년 제4차 십자군 원정대는 같은 기독교인 비잔티움제국을 침략, 수도 콘스탄티노플을 잔인하게 약탈하기도 했다. 당시 십자군 원정대 구성원의 대부분이었던 프랑크 족은 그리스를 점령하여 이른바 라틴제국(Latin Empire, 1204~1261)을 세운다.

열 번째 모습은 전혀 이질적인 종교, 이슬람의 얼굴로 나타난다. 라틴제국은 얼마 못가, 다시 봉기한 비잔티움제국에 의해 멸망한다. 하지만 이젠 노년기에 접어든 비잔티움제국은 기운을 다 쏟아낸 뒤의 피로감을 이기지 못하고 오스만투르크의 술탄 메흐메드 2세(Sultan Mehmed II, 재위 1444~1446, 1451~1481)에 콘스탄티노플을 내주면서 멸망한다. 비잔티움제국의 제1 도시가 콘스탄티노플이었다면, 제2 도시는 펠로폰네소스 반도의 미스트라스였을 만큼 그리스는 비잔티움의 꽃이었다. 미스트라스에서 비잔티움제국 황제의 대관식을 받았던 콘스탄티누스 11세 팔레올로고스(Constantine XI Palaiologos, 재위 1449~1453)가 쓰러지면서 그리스는 오스만투르크Osman Turks의 나라, 즉 터키의 식민지가 되었다.

  카잔차키스가 11번째, 그리고 12번째 얼굴로 지목한 시기는 그리스가 터키, 즉 오스만투르크제국(Osman Turks, 오토만제국 Ottoman Empire으로도 불린다. 1299-1922)으로부터의 독립을 선포하고 전쟁을 시작한 1821년부터 현재까지를 말한다. 18세기부터 시작된 서구인들의 그리스 고전에 대한 사랑은 '신고전주의'라는 이름으로 미국에까지 영향을 미쳤다. 그리스를 이슬람의 오스만투르크로부터 해방시키려는 몸짓은 유럽 부유층과 미국인들의 지원을 이끌었다. 영국의 시인, 바이런이 그리스 독립전쟁에 참여한 것만 봐도 당시의 분위기를 짐작하는 것은 어려운 일이 아니다. 1832년, 그리스는 마침내 독립했다. 마케도니아에 나라를 뺏긴 이래로 치면 거의 2000여 년 만의 일이며 이슬람권으로부터는 거의 300여년 만의 독립인 셈이다. 이후 그리스의 상황은 그다지 평온했다고 할 수는 없다. 민주적인 정치 제도를 확립하기 위해 수많은 알력과 다툼이 있었고, 부패의 온상이 되면서 1893년엔 국가 파산 상태를 선언하기도 했다. 1897년에는 아직 터키의 지배하에 있던 크레타의 독립을 지원하다 전쟁을 치르기도 했

다. 제1차 세계대전에서는 연합국의 일원으로 승리의 나팔을 불었지만 제2차 대전 때는 나치 독일에 점령당했고, 전후에는 좌파 우파로 나뉘어 어수선한 정국을 이어갔다. 심지어 왕정복고의 기운까지 있었으나 1974년부터 공화정 체제를 이어나간 그리스는 마침내 1981년 유럽연합EU에 가입하고, 2004년 아테네 올림픽을 개최했지만, 2015년, 또 한 차례 국가 부도를 선포해야하는 상황에 놓이게 되었다. 2017년 현재, 그리스는 급진적인 좌파 알렉시스 치프라스(Alexis Tsipras, 1974년 출생)를 역대 최연소 총리로 두고, 프로코피스 파블로풀로스를 대통령으로 해 최악의 경제난에서의 탈출을 꿈꾸고 있다.

Athens

1

그리스
아테네

- Delphi
- Corinth
- Athens
- Olympia
- Mycenae
- Aegina
- Epidavros
- Cape Sounion
- Bassai
- Mystras
- Sparta
- Monemvasia
- Santorini
- Crete

아테네 거리

아테네 국립고고학미술관 내부

어미 없이 태어나다

제우스는 자신과 만리장성을 쌓은 '메티스가 아이를 낳으면' 그 아이가 조만간 자신을 치고, 인간과 신의 세상을 다스리게 될 것이라는 예언을 듣게 된다. 초조해진 제우스는 임신한 메티스를 그대로 삼켜버렸는데, 그 이후로 심각한 두통에 내내 시달려야 했다. 제우스는 대장장이의 신으로 올림포스의 에디슨 격인 헤파이스토스에게 명령해, 자신의 머리를 도끼로 치게 했다. 그때 제우스의 머리 속에서 튀어나온 아이가 바로 아테나이다. 말장난 같지만, 일단 아테나는 '메티스가 낳은' 아이가 아니라, 제우스 자신이 낳은 아이라는 점에서 예언의 조건을 피해간 셈이고, 그 때문에 제우스의 사랑을 듬뿍 받으며 성장할 수 있었다. 아테나는 로마신화에서는 미네르바로 불리며, 팔라스Pallas라고 불리기도 한다. 창 던지기 놀이를 하다 실수로 죽인 어린 시절 친구, '팔라스'를 기리는 이름이라는 말도 있고, 아테나가 아버지 제우스를 도와, 신들의 둥지인 올림포스를 침범한 거인족들(기간테스, gigantes)을 물리쳤는데, 그들 중 하나의 이름을 따온 거라는 말도 있다. 아테나는 거인 팔라스의 가죽을 벗겨내 만든 가죽 방패를 들고 다니기도 한다.

〈아테나〉, 아크로폴리스에서 발견된 건축물 잔해의 부조
기원전 520년경, 대리석, 높이 200cm, 아테네 아크로폴리스 박물관
아테나가 거인 팔라스 등이 참가하는 거인족(기간테스)을 물리치기 위해 나서는 장면으로 추정된다.

〈갑옷을 입은 채 태어나는 아테나〉, 기원전 570년경~65년경
40.1×27.5cm, 그리스 도자기의 부분, 파리 루브르 박물관
제우스의 머리에서 갑옷과 방패로 무장한 아테나가 태어나고 있다.
제우스 맞은 편에 서서 아테나를 잡고 있는 여인은 출산을 돕는
에이레이티아(Eileithyia)이다.

처녀의 신, 아테나

그녀는 이복 여동생인 달의 여신 아르테미스(p.337 참조)처럼 평생 남성과 결혼하지 않아 아테나 파르테노스(Athena Parthenos, "처녀의 신 아테나"라는 뜻)로도 불린다. 당차고 지혜로운 여성으로, 어지간해서는 남자에게 의지하려 들지 않는다는 점에서 언뜻 페미니스트 같은 느낌을 주기도 하지만, 어머니의 자궁이 아니라 아버지의 머리에서 나온 만큼, 철저히 가부장 신화에 일조한다. 서구에서는 '남성=이성=머리', '여성=감성=가슴'이라는 사고가 이어지면서 남성들이 이성적으로 훨씬 우월한 존재라는 논리가 전개되어 왔다.

윌리엄 부게로, 〈복수의 여신들에게 쫓기는 오레스테스〉
1862, 캔버스에 유채, 227×278cm,
미국 버지니아 주 크라이슬러 미술관

아이스킬로스의 비극, 〈오레스테이아 3부작〉

아이스킬로스(Aeschylos, 기원전 525년경~기원전 456)의 비극 〈오레스테이아 3부작〉에 의하면, 그리스 영웅 중 하나인 아가멤논은 트로이 전쟁을 치르고 집으로 돌아왔다가, 아내 클리타임네스트라와 그녀의 정부 손에 죽게 된다. 아가멤논은 클리타임네스트라의 전 남편을 죽인 뒤 그녀를 취한 터였고, 자신과 클리타임네스트라 사이에 태어난 딸을 제물로 바친 비정한 남자였다. 클리타임네스트라 입장에서 보면 만정이 떨어질 수밖에 없는 존재인 셈이다. 그럼에도 불구하고 아가멤논의 아들 오레스테스는 정부와 짜고 아버지를 살해한 어머니를 용서할 수 없었다. 그는 패륜을 저질렀다. 어미를 살해한 것이다.

아이스킬로스는 이 비극에서 '제 어미를 죽인 아들'을 따라다닌 복수의 여신들이 오레스테스를 벌해야 한다고 주장하는 법정 진술들을 소개한다. 태양의 신이자 제우스의 아들 아폴론은 어미의 피를 흘리게 한 오레스테스를 응징해야 한다는 복수의 여신들에게 "어미란 자식의 혈친이 아니라, 뱃속에 새로 깃든 씨를 기르는 데 불과하다. 자식의 본질은 아비이며 어미는 오직 주인이 손님을 접대하듯 그 어린 싹을 보육해나가는 것이다. 이것이 이치이기 때문에 어미가 없어도 아비는 있는 경우가 적지 않다. 바로 그 아름다운 사례가 아테나 여신이다"라고 말한다. 즉 아테나는 어미가 필요 없는 순전히 아비의 자식으로, 가장 극단적인 가부장적 사고에 의해 탄생된 여신인 셈이다.

눈치껏 현명한 여성상

아폴론의 말에 더욱 의기양양해진 아테나는 아폴론이 선정한 재판관 12명이 오레스테스의 유죄 여부를 두고 투표를 실시해 만약 그 의견이 동수를 이루면 자신이 오레스테스의 무죄에 한 표를 더 행사하겠다고 말했다. 그러면서 그녀가 한 말을 요약하자면 "나는 어머니가 없으므로 모든 일에서 남성 편을 들겠다." 정도이다. 아테나에겐 멀쩡한 남편을 죽이고 그 아내를 취하고, 심지어 제 혈육인 딸자식을 죽여 제물로 바칠 정도의 비정한 아가멤논이나 어머니를 살해한 오레스테스의 죄는 별 문제가 아니었던 모양이다.

아이스킬로스가 『오레스테이아』를 집필하던 기원전 5세기가 고대 그리스의 황금기라고는 하지만, 여성에게는 얼마나 답답하고, 닫힌 사회였는지를 알 수 있다. 따지고 보면, 남성들과 적당히 타협하고 숙여줄 때 숙여주는, 한 마디로 눈치껏 알아서 처신해주는 아테나 여신이야 말로 남자들 입장에선 '현명한 여인상'으로 통했을 것이고, 나아가 '지혜의 여신'으로 숭배될 수 있었을 것이다.

〈바르바케이오스 아테나〉, 3세기 초의 복원품, 아테네 국립고고학미술관
아테네 아크로폴리스의 파르테논 신전(기원전 438년)을 위해 페이디아스(Pheidias)가 제작한 아테나 여신상을 복원한 것으로, 바르바케이온 학교 인근에서 발굴되었다 해서 〈바르바케이오스 아테나〉상이라 부른다. 원작은 높이 11.5m로 상아와 황금으로 만들어져 그 화려함과 위용이 극에 달했다 한다. 오른손에는 승리의 여신 니케가, 왼손에는 뱀이 함께 하는 방패가 들려 있으며 투구에는 사람의 얼굴과 사자 몸에 날개가 달린 그리핀들이 장식되어 있다.

전쟁의 여신

아테나는 아버지 머리에서 나올 때 갑옷을 입은 채 방패와 칼을 들고 있었다는 점에서 전쟁의 여신으로도 불린다. 그녀는 인간 세상에서 일어나는 이런 저런 전쟁에서 늘, 영웅들을 도와 승리로 이끌곤 했다. 그녀의 이름에 승리의 여신 '니케'의 이름을 덧붙여서 '아테나 니케'(승리의 아테나 여신)라고 부르는 이유이다. 아테나는 주로 자신에게 바쳐진 새, 올빼미를 상징물로 한다. 큰 눈으로 칠흑 같은 어둠을 밝히는 올빼미, 혹은 부엉이는 어린이 동화나 만화에서 '부리부리 박사님'으로 그려져 그 지혜와 지식을 뽐낸다. 한편 아테나는 뱀을 자신의 상징물로 삼기도 한다. 하늘이 아버지를 상징한다면, 땅은 어머니를 상징한다. 뱀은 죽은 생명을 거두고, 다시 그로부터 꽃을 피워 열매를 맺는 땅에 바싹 몸을 붙이고 기어 다니는 존재이니 만큼 삶과 죽음 그 모두를 지배하는 위대한 모성으로 읽기도 한다. 독신이라 아이를 낳은 적은 없지만, 아테나는 누구보다 육아에 뛰어난, 그야말로 현명한 모성의 여신으로도 이해되었다.

위 아크로폴리스 박물관 입구의 작은 부엉이상
아래 〈슬퍼하는 아테나〉, 기원전 460년경, 대리석, 높이 48cm
아테네 아크로폴리스 박물관

투구를 쓰고 창에 자신의 몸을 살짝 기댄 채 맨발로 서 있는 아테나는 슬퍼하는 것인지, 뭔가를 골똘히 생각하는 중인지 알 수가 없다. 어색함과 딱딱함이 느껴지던 이전 조각 작품(50페이지 참조)과 달리 자연스러운 자세와 표정이 돋보인다. 그럼에도 불구하고 차분하고 정적이다. 감정의 동요가 크게 느껴지지 않는 안정적인 모습의 엄숙함은 그리스 고전기 미술의 특징이 된다.

도시 수호의 여신

그리스의 도시국가들은 자신들의 수호신을 하나쯤 갖고 있다. 아테네는 이름에서 눈치 챘겠지만, 아테나가 수호여신이다. 이 이야기는 오비디우스의 『변신 이야기』 제6권에 실려 있다.

"아티카의 한 도시를 놓고 포세이돈과 아테나가 경쟁을 벌이자 신들이 중재하여 사람들에게 더 이로운 선물을 주는 신이 그 도시의 수호신이 되기로 했다. 포세이돈은 삼지창으로 바위를 쳐서 짠 바닷물이 솟아나게 했고, 아테나는 열매를 주렁주렁 맺은 올리브 나무를 자라게 해서 신들을 경탄하게 했다. 결국 아테나 여신이 경합에서 승리하여 그 도시의 수호신이 되고 도시의 이름도 여신의 이름을 따 아테네(아테나이)라 불리게 되었다."

아테네로서는 아테나 여신이 특별했겠지만, 사실 아테나를 위한 신전은 꼭 이 도시가 아니더라도 그리스 문화권 여러 곳에서 볼 수 있다. 아테나는 지혜와 전쟁뿐 아니라 '도시 수호'의 여신, 아테나 폴리아스Polias이기도 하기 때문이다.

파이디모스, 〈페플로스를 입은 코레〉, 기원전 530년경, 채색 대리석
높이 120cm, 아테네 아크로폴리스 박물관

기원전 650년경에서 기원전 480년경을 그리스 미술사에서는 아르카익(archaic, 아케익, 아카익) 시대라고 부른다. '아르카익'은 '오래된' 것을 의미한다. 이 시기의 조각은 경직된 형태와 표정이 특징이다. 특히 어색한 기운이 다분한 미소는 '아르카익 미소'로 불리는데, 어딘지 모르게 신비한 분위기를 만들어낸다. 아테네의 아크로폴리스에서는 코레(Kore)라고 하는, 화려한 채색의 젊은 처녀 조각상이 다수 발견되었는데, 이는 자신의 폴리스를 수호하는 아테나 여신을 위한 일종의 봉헌물로 추정된다. 페플로스는 기원전 500년 전후, 고대 그리스에서 한참 유행하던, 끈으로 가슴 아래께를 묶는 긴 여성용 드레스이다.

언덕 위 아크로폴리스

아크로폴리스에서 내려다본 아고라

Athens

2

신을 위한 언덕
아테네 아크로폴리스

아테네 아크로폴리스의 복원도
❶ 파르테논 신전(Parthenon)
❷ 프로필라이아(Propylaia)
❸ 피나코테케(Pinakotheke)
❹ 에레크테이온(Erechtheion)
❺ 아테나 니케 신전(Temple of Athena Nike)

하늘 가까운 곳

고대 그리스의 폴리스(polis, 도시국가)는 정치·경제·종교의 중심이 되는 일종의 도심 지역과 주로 농경지가 있는 주변으로 이루어져 있었다. 그들은 '폴리스polis'의 가장 "높은 곳akros", 즉 '아크로폴리스'를 신의 공간으로 삼았다. 높은 언덕에 지어 적이 침입해오면 대피소로 쓰이던 이 공간은 하늘에 가장 가까운 곳이니만큼 신성한 곳으로 여겨져 신전이 세워졌고, 언덕 아래 평지에는 인간들의 공간으로 광장을 비롯한 시장이나 공공기관 등이 들어섰다.

 아테네의 아크로폴리스는 출입문이 있는 서쪽을 제외한 나머지 세 방향 모두가 낭떠러지로, 위에 올라서면 아테네 시가지를 한눈에 담을 수 있다. 기원전 6세기, 귀족들로부터 권력을 빼앗아 참주제를 실시한 페이시스트라토스(Peisistratos, 기원전 600년경~기원전 527년경, p.123 참조)는 이곳에 신을 위한 집 신전을 건축했지만, 페르시아 전쟁(기원전 492~기원전 448)으로 대부분 파괴되는 수모를 겪었다. 기원전 480년, 살라미스 해전에서 페르시아 군대를 격파하고 승기를 잡은 페리클레스(Perikles, 기원전 495년경~기원전 429) 치하의 아테네 황금기 시절, 아크로폴리스는 재건되기 시작하여 오늘날과 비슷한 모습을 갖추게 되었다.

페르시아 전쟁

 기원전 6세기경, 오리엔트 지역을 통일, 제국을 건설한 페르시아인들이 기원전 492년부터 기원전 449년까지 시도한 3차의 그리스 원정 전쟁을 페르시아 전쟁이라 부른다. 1차 페르시아전쟁은 다리우스 1세의 트라키아 침략이다. 비록 폭풍우로 인해 페르시아는 300척의 전함과 2만여 명의 군사를 잃었지만 바라던 바 트라키아를 손에 넣을 수 있었다.

 2년 후, 기원전 490년, 페르시아의 다리우스 황제는 아테네의 참주 페이시스트라의 아들로 역시 참주 노릇을 하다가 폭정을 하는 바람에 국외로 쫓겨난 히피아스(Hippias, 재위 기원전 527~기원전 510)를 앞잡이 삼아 그야말로 대군을 보내 그리스를 침공해 왔다. 헤로도토스는 대군의 규모가 약 20만 명에 달했다고 기록하고 있으나 고대 로마 역사가 코넬리우스 네포스(Cornelius Nepos)는 보병 20만 명에 기병 1만 명을 더했고, 플루타르코스(Plutarch)는 약 30만 명 이상으로 보기도 한다.

 승승장구하던 페르시아군은 아테네를 코앞에 둔 마라톤(Marathon) 평야에 이르렀다. 스파르타에 지원을 요청했으나, 종교 행사를 이유로 지원이 미루어지는 바람에 아테네는 단독으로 페르시아와 맞서 기적과도 같은 승리를 일구어냈다. 헤로도토스의 기록에 따르면 마라톤 전투에서 페르시아군은 6천 400명을 잃은 반면, 아테네군은 192명만을 잃었다. 승리의 소식을 전하기 위해 페이디피데스(Pheidippides, 기원전 530~기원전 490)라는 병사가 아테

Note

기원전 5세기 그리스 지도

네까지 약 36.75㎞를 달린 뒤, "우리가 이겼다!"라고 외친 뒤 숨을 거두는데, 이를 기념하여 비슷한 거리를 뛰는 마라톤 경기가 시작되었다고 한다. 근대올림픽이 시작되면서, 마라톤 거리는 올림픽 개최지에 따라 조금씩 달라졌다. 그러다 제4회 런던 올림픽 때 윈저궁을 스타트 라인으로 해 경기장 결승점까지 달리게 한 거리,

42.195km를 마라톤 거리로 확정지었다.

그런데 페이디피데스가 마라톤에서 아테네까지 달린 이야기는 헤로도토스의 『역사』 책에서 전혀 언급되지 않는다. 대신 『역사』 6권에서 페이디피데스가 스파르타까지 약 200km를 달려가 지원군을 요청했다는 내용만 전하고 있다. 하지만 이틀에 200km를 달렸다는 이야기(역사6, p.106~107)도 그다지 미덥지는 않아 보인다. 어쨌거나, 마라톤 전투에서 패전한 페르시아의 후손 이란은 지금까지도 마라톤 경기를 금하고 있다.

10여 년 뒤, 페르시아의 크세르크세스 대왕(Xerxes, 재위 기원전 486~기원전 465)이 페르시아군 약 30만 명을 이끌고 그리스로 쳐들어오면서 3차 페르시아 전쟁이 시작된다. 이번에는 스파르타군이 나섰다. 페르시아군은 델피 북쪽 근교의 산 테르모필라이(Thermopylae, 테르모필레)에서 스파르타의 왕 레오니다스(Leonidas, 재위 기원전 487~기원전 480)와 만나게 된다. 레오니다스(p.347 참조)는 700명의 테스피아Thespia인, 400명의 Thebai인, 그리고 자신의 근위대인 스파르타 Sparta인 300인을 이끌고 맹렬히 저항했다. 필살기로 버티는 레오니다스 군에 페르시아가 집중하는 동안 나머지 그리스 연합군의 퇴로가 확보되었고, 육지에서의 승리에 도취된 페르시아가 한 눈 파는 사이, 그리스 연합군의 함대는 해전에 임할 만반의 태세를 갖출 수 있었다. 살라미스 해전에서 테미스토클레스가 이끄는 그리스가 승리한 것은 결국 레오니다스가 자신을 비롯한 병사들의 전원 사망이라는 배수진을 쳤기에 가능

Note

뤽 올리비에 메르송, 〈마라톤 전투의 승리를 알리는 페이피데스〉 1896

했던 것이다. 3차 페르시아 전쟁 당시 크세르크세스의 군사들은 아테네인들이 피난을 가 텅 빈 아크로폴리스를 완전히 유린하기도 했다. 그러나 살라미스 해전에서 패하고, 플라타이아에서도 크게 패한 페르시아는 세가 기울기 시작했고, 급기야 기원전 449년에 조약을 체결하고 종전을 선언하게 된다.

참주 살해자

크리티오스와 네시오테스, 〈하르모디오스와 아리스토게이톤의 우정(참주 살해자들)〉, 기원전 5세기경 제작한 것을 로마시대에 복제, 높이 185cm 나폴리 국립고고학 박물관

두 조각상 중 수염이 없는 젊은 남자는 하르모디오스이고 수염이 난 나이 많은 남자는 아리스토게이톤이다. 고대 그리스에서 이 조각만큼 인물의 성격이나 개성이 드러나는 것은 흔한 일이 아니었다. 이유는, 특정인의 얼굴을 조각상으로 만들어 도처에 세우면 우상화되기 십상이고, 모든 사람이 평등한 그리스인들 입장에서는 정의롭지 못한 일로 간주되었기 때문이다.

Note

　이 두 남자는 기원전 534년, 히파르쿠스를 살해했다. 히파르쿠스는 아버지 페이시스트라토스를 이어 아테네의 참주가 된 히피아스의 동생이다. 작품의 제목처럼 '참주 살해자'가 아니라, 실은 '참주 동생 살해자'인 셈이다. 그럼에도 불구하고, 이 두 남자는 아테네의 민주제를 가능하게 한 영웅으로 거의 숭배에 가까운 찬사를 받는다. 이들은 고대 그리스 사회에서는 비교적 흔한 동성연인 사이였다. 그런데 참주 히피아스의 동생, 히파르쿠스가 하르모디오스를 유혹한 것이다. '사랑 밖에 난 몰라' 수준의 열렬함으로 뜨겁던 하르모디오스는 상대가 참주 동생이건 말건, 순정을 지키겠노라 다짐했다.

　격분한 히파르쿠스는 치사한 방법으로 하르모디오스에게 모욕을 주게 된다. 아테네는 축제 기간 중 처녀를 시켜 아테나 여신에게 꽃을 바치는 의식을 치르곤 했는데, 히파르쿠스는 그 일을 일부러 하르모디오스의 여동생에게 맡기고는 당일날 갑자기 '올해의 꽃소녀'가 순결하지 못한 여자라 자격미달이라며 공개 망신을 주었다. 참을 수 없었던 하르모디오스는 연인 아리스토게이톤과 함께 히파르쿠스를 살해한다.

　아테네는 왕정과 귀족정을 거쳐, 일인 독재라 할 수 있는 참주제를 끝내고 마침내 민주제를 실시한 합리적이고 이성적인 도시국가라는 자부심이 남달랐기에 이를 선전하기 위해, 더도 말고 덜도 말고 치정 사건에 불과한 것을 정치적 신념을 위한 살인인양 과장하고 선전한 것이다.

파르테논 신전 쪽에서 바라본 프로필라이아

페르시아 전쟁 이후 아크로폴리스의 재건은 페이디아스(Pheidias, 기원전 490~기원전 430년경으로 추정)가 총책임을 맡았는데, 조각 작품의 상당량이 그와 제자들의 손으로 해결되었고, 신전 건축은 당시 최고 기량의 건축가들이 설계와 감독을 맡았다. 플루타르코스(Plutarchos, 46년경~120년경)의 『영웅전』 중 '페리클레스'편에 의하면 프로필라이아는 므네시클레스(Mnesikles, 기원전 5세기 활동)라는 건축가가 설계를 담당했던 것으로 알려져 있는데 현재 그에 대한 정보는 거의 남아 있지 않다.

프로필라이아

아크로폴리스의 대문

아크로폴리스로 들어가기 위해서는 남서쪽 입구에 있는 프로필라이아Propylaia를 지나야 한다. 베를린의 브란덴부르크 문을 연상시키는 이 장중한 출입문은 기원전 437년, 파르테논 신전이 완성된 이후에 짓기 시작했지만 스파르타를 중심으로 하는 동맹국과 아테네의 동맹국이 대립하는, 펠레폰네소스 전쟁(기원전 431~기원전 404)이 발발하면서 공사는 중단되었고, 결국은 미완으로 남게 되었다.

 서기 2세기에 그리스 전역을 여행한 뒤 『그리스여행기』를 집필한 파우사니아스(Pausanías, 110년경~180년경)의 기록에 따르면 프로필라이아 정면의 왼쪽에 해당하는 북측 건물에는 트로이 전쟁 장면을 포함한 여러 그림들이 걸려 있어 '회화관'을 뜻하는 '피나코테케' 라고 불리기도 했다.(p.56 참조) 전체적으로 파르테논 신전과 흡사한 느낌을 주는 프로필라이아는 중세 때에는 기독교 교회 건물로도 사용되었다. 오스만제국 시절인 1656년, 베네치아의 폭격에 의해 화약창고가 폭발하면서 프로필라이아는 크게 파손되었다. 약 30여 년 후, 1687년에도 비슷한 폭발로 파르테논 신전이 날아가기도 했다.

레오 폰 클렌체, 〈아크로폴리스 재건〉(부분), 캔버스에 유채
103×150cm, 1846, 뮌헨 알테 피나코테크
건물 뒤편으로 아테나 프로마코스 상이 보인다.

아테나 프로마코스

사라진 것은 그림뿐 만이 아니어서 프로필라이아 위쪽에서 아크로폴리스의 서쪽을 향해 서 있던 아테나 프로마코스Athena Promachos 상도 지금은 모습을 감추었다. 프로마코스는 전쟁에서 가장 앞 열에 서는 전사들을 의미하는 바, 사랑하는 인간들의 도시를 위해 최전방에 나서는 여신, 아테나를 기원하는 조각으로 볼 수 있다. 이 조각은 파르테논 신전을 설계한 페이디아스가 페르시아를 무찌른 마라톤 전투의 승리를 기념, 청동상으로 제작한 것으로 보통 성인 키의 5배가 넘는 9m 크기였다.

그리스 신전의 구조와 기둥

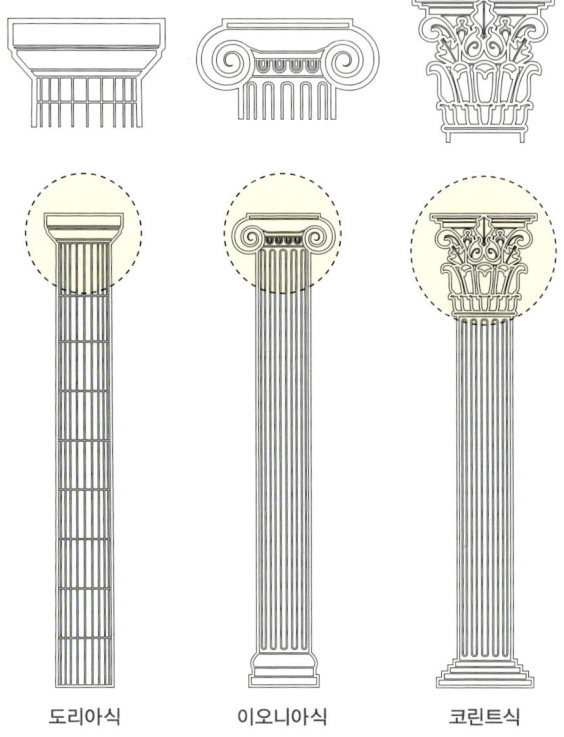

Note

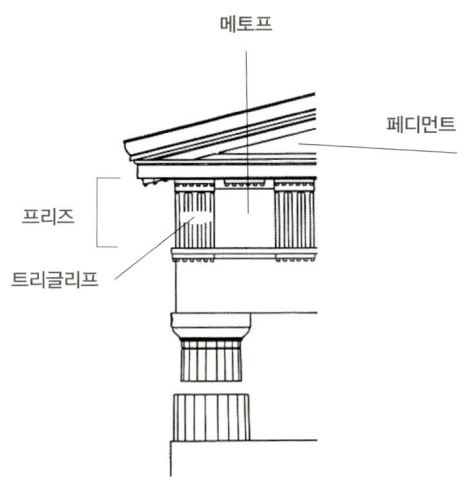

- **트리글리프**: 홈이 삼각형 모양으로 파인 줄무늬 장식을 말한다.
- **메토프**: 트리글리프들 사이에 있는 판으로 주로 도리아식 건축에 사용된다.
  지붕 아래 장식띠라 할 수 있는 프리즈는 도리아식의 경우 이 메토프와 트리글리프로 구분되지만, 이오니아식의 경우는 이런 구분이나 구획없이 긴 띠로 이어진다.
- **페디먼트**: 고대 그리스식 건축에서 창 또는 출입구 입구 위에 위치한 삼각형 부분의 장식을 의미하며 그리스 신전 건축에서 가장 두드러진 특징이다. 〈84페이지 하단 사진 참조〉

아테나 니케 신전

승리를 위한 신전

서쪽에서 아크로폴리스를 올려다보면, 프로필라이아의 오른쪽 뒤편에 작은 신전이 하나 보인다. 정면과 후면에 각각 기둥 4개가 있는 아주 작은 규모라, 자칫하면 그냥 스치고 지나기 십상인 이 신전 역시 페르시아 전쟁 때 파괴된 것을 재건한 것이다. 기원전 427년경부터 기원전 424년까지의 신전 건립 기간 동안 스파르타를 중심으로 하는 펠로폰네소스 동맹과 아테네를 중심으로 하는 델로스 동맹이 서로 칼을 겨누는 펠로폰네소스 전쟁이 한창이었던 것을 감안하면, 신전은 델로스 동맹의 선전을 기원하는 목적에서 지어졌음이 분명해진다.

니케는 '승리의 여신'이다. 따라서 '아테나 니케' 신전은 니케가 함께 하는, "승리하는 아테나"를 위한 곳이다. 아테나에게 봉헌된 것이지만, 신전 조각 중 하나, 혹은 여럿으로 묘사된 니케가 아테나의 승리를 돕는 모습으로 자주 등장해 더러는 니케를 위한 신전이라고 부르기도 한다. 무엇보다 니케는 이 신전에서만큼은 날개를 달지 않은 채로 등장하는데, 세간에 떠도는 이야기에 의하면, 승리의 여신이 영원히 자기 폴리스를 떠나지 못하도록 날개를 없애버려서라 한다. 옷을 감춰 선녀를 품고자한 한국의 나무꾼 이야기가 떠오르는 대목이다.

신전 정문에 해당하는 동쪽 기둥 위의 프리즈에는 올림포스의 12신이 새겨져 있는데, 현재는 대영 박물관에 있다.

칼리크라테스 설계 추정, 아테나 니케 신전, 기원전 427~기원전 424, 5.5×8m
현재의 모습은 그리스 독립 후인 19세기에 새로 짓다시피한 것으로, 한때 뜯겨나가 다른 건물 건축에 사용되었던 것들을 가능한 다시 조립 복원한 것이다.

샌들을 벗는 니케

아테나 니케 신전은 높은 담을 쌓은 그 위에 지어졌는데, 담의 윗부분은 마치 선물포장 띠를 둘러놓은 것처럼 채색된 부조물로 장식되어 있다. 이 띠에는 승리를 의인화한 날개 달린 니케가 거의 50차례 등장하는데, 아테나를 도와 갑옷이나 투구 등 전리품을 정리하는 모습이거나, 황소의 목을 잘라 번제를 올리는 장면이 조각되어 있다. 피를 보고 이루어낸 승리에 감사하기 위해 짐승의 피를 번제로 하는 다소 억센 장면들 틈에 그야말로 관능미 넘치는 조각상 하나가 눈에 띄는데, 아크로폴리스의 여러 조각 장식물들 중에서도 가장 달콤하고 사랑스러운 〈샌들을 고쳐 신는 니케〉 상이다. 니케 여신은 제를 지내기 위해 제단에 오르며, 신고 있던 샌들을 벗기 위해 한쪽 다리를 치켜들고 있다. 신발 끈을 잡기 위해 몸을 오른쪽으로 기울이고 팔을 뻗느라 옷자락이 흘러내린다. 바람을 타듯 하늘거리는 옷자락 아래로 부드러운 몸매가 아련하게 드러난다.

위·좌 〈황소를 제물로 바치는 니케〉, 아테나 니케 신전 난간
기원전 420-400년경, 대리석, 높이 101cm
아테네 아크로폴리스 박물관

위·우 〈샌들을 고쳐 신는 니케〉, 아테나 니케 신전 난간
기원전 420~기원전 400년경, 대리석, 높이 101cm
아테네 아크로폴리스 박물관

아래 높은 담 위의 자리한 아테나 니케 신전
담 윗부분 푸른 색 띠에 위 작품들이 새겨져 있다.

익티노스와 칼리크라테스 건축, 페이디아스 장식조각 및 총감독
파르테논 신전, 기원전 447~기원전 432, 30.86×69.5m

파르테논 신전
수모 속의 파르테논

'파르테논Parthenon' 신전은 아테나 파르테노스Parthenos, 즉 처녀의 신 아테나에게 바쳐진 "처녀의 집"을 의미한다. 기원전 480년의 페르시아 침입 때 무너진 것을 건축가 익티노스(Ictinos, 기원전 5세기경)와 칼리크라테스로 추정되는 건축가가 페르시아와의 전쟁 승리를 기념하기 위해 10년에 걸쳐 재건한 것이다.(기원전 447~기원전 438) 하지만 기세등등하던 아테나 여신은 17세기, 베네치아군이 쏜 대포에 의해 자신의 아름다운 주거지가 반 토막 나는 것을 지켜보아야 했다.

그리스의 많은 유적지들에 닥친 재앙은 대체로 비슷하다. 무엇보다 도시의 안녕과 질서를 신의 이름으로 지키려는 의지로 세워진 신전들은 대체로 로마제국이 기독교 세계로 편입되면서 파괴당하거나 교회로 용도를 변경해야 했고, 15세기경에는 오스만투르크의 지배를 당하면서 이슬람 사원으로 옷을 갈아입어야 했다. 17세기, 파르테논 신전은 그리스를 차지하려는 베네치아와 오스만투르크가 무차별적으로 퍼붓는 폭격에 속수무책 몸을 내주어야 했다. 신전을 쌓아올린 위대한 정신은 포탄 앞에서 허물어졌다. 당시 아테네를 점령, 아크로폴리스를 화약고로 사용하던 오스만투르크군을 공격하기 위해 베네치아군이 쏜 대포가 하필 파르테논 신전의 지붕을 명중시켰고 기둥 28개가 쓰러졌다. 이어 지진까지 이어지면서 속수무책으로 무너진 아테나의 자존심은 한동안 회복될 기미조차 보이지 못했다.

위 공사중인 파르테논 신전
아래 대영박물관 내 엘긴 마블스 전시장 모습

엘긴 마블스

파르테논 신전은 1975년부터 대대적인 복구 작업에 들어갔지만 아직도 진행중이라 여전히 공사판을 방불케 한다. 1987년, 유네스코는 신전을 세계문화유산 1호로 정했고, 보수 비용을 일정 지원하고 있다. 오스만투르크제국 치하의 그리스에 영국 대사로 부임해 있던 엘긴 경(Thomas Bruce, 7th Earl of Elgin, 1766~1841)은 1801년부터 약 10년 간, 약 75m에 달하는 파르테논 신전 벽면 프리즈의 부조 장식들, 페디먼트와 메토프를 장식하고 있던 조각상들을 파내어 갔다. 그가 이런 도굴행위를 한 것은, 순전히 스코틀랜드에 있던 자신의 저택을 '그리스 풍'으로 꾸미기 위해서였다고 한다. 외교관이라는 신분을 이용, 일종의 '도굴허가증'을 받아낸 뒤 파내간 조각 작품은 무려 253점으로, 베네치아군의 포격에 날아가고 남은 파르테논의 조각품 중 약 90%에 해당하는 양이었다. 얼마나 퍼다 날랐는지, 나중에는 운송비용으로 인해 거의 파산지경에 이르렀고, 이혼 등 개인사가 겹치면서 엘긴 경은 훔치다시피한 작품들을 영국 정부에 판매하기로 결심했다.

영국 정부는 청문회 등을 통해 작품, 아니 장물 구입을 승인했고 1816년부터 '엘긴이 뜯어온 대리석'을 '엘긴 마블스'라는 이름으로 대영박물관에서 전시하고 있다. 오스만투르크 제국으로부터 독립한 이래, 그리스 정부는 지금까지도 지속적으로 반환을 요구하고 있지만, 영국 정부는 이 핑계 저 핑계로 거부하고 있다.

황금비율의 신전

모든 것을 '수'와 연관시키기 좋아했던 피타고라스와 그를 추종하는 학자들은 가장 안정감 있고 조화로우며 질서 있는 비율을 찾아내고자 했다. 그들은 세상에 존재하는 여러 가지 것들을 두고 우리가 '아름답다'라고 느끼는 것은 그것이 다른 무엇보다 완벽한 비례를 가지고 있기 때문이라고 보았다.

그들은 정오각형 안에서 그 가장 아름다운 비율, 황금비를 찾아내게 된다. 정오각형 안에 대각선을 그으면 별 모양이 생기는데, 그 중 짧은 변과 긴 변의 길이 비율이 5대 8, 즉 1대 1.618이 된다는 사실을 알아냈다. 이 대각선들은 서로 얽히면서 가운데에 또 다른 정오각형을 만들어내고, 그 정오각형 역시 황금비율을 이루는 대각선들에 의해 또 정오각형을 만들어낸다. 1 대 1.618의 황금비를 발견한 이래, 그리스인들은 밀로의 〈비너스〉 같은 예술품을 비롯해서 생활 식기부터 신전에까지 이 비율을 적용하고자 했다. 오늘날에도 성냥갑, 신용카드, 책, 텔레비전 등등의 가로 세로 길이에 이 황금비를 적용하고 있다.

위 **황금 비율의 파르테논 신전**
아래·좌 **황금비가 있는 정오각형 별**
아래·우 **황금 비율의 비너스**

엘긴 마블스

파르테논 신전은 1975년부터 대대적인 복구 작업에 들어갔지만 아직도 진행중이라 여전히 공사판을 방불케 한다. 1987년, 유네스코는 신전을 세계문화유산 1호로 정했고, 보수 비용을 일정 지원하고 있다. 오스만투르크제국 치하의 그리스에 영국 대사로 부임해 있던 엘긴 경(Thomas Bruce, 7th Earl of Elgin, 1766~1841)은 1801년부터 약 10년 간, 약 75m에 달하는 파르테논 신전 벽면 프리즈의 부조 장식들, 페디먼트와 메토프를 장식하고 있던 조각상들을 파내어 갔다. 그가 이런 도굴행위를 한 것은, 순전히 스코틀랜드에 있던 자신의 저택을 '그리스 풍'으로 꾸미기 위해서였다고 한다. 외교관이라는 신분을 이용, 일종의 '도굴허가증'을 받아낸 뒤 파내간 조각 작품은 무려 253점으로, 베네치아군의 포격에 날아가고 남은 파르테논의 조각품 중 약 90%에 해당하는 양이었다. 얼마나 퍼다 날랐는지, 나중에는 운송비용으로 인해 거의 파산지경에 이르렀고, 이혼 등 개인사가 겹치면서 엘긴 경은 훔치다시피한 작품들을 영국 정부에 판매하기로 결심했다.

 영국 정부는 청문회 등을 통해 작품, 아니 장물 구입을 승인했고 1816년부터 '엘긴이 뜯어온 대리석'을 '엘긴 마블스'라는 이름으로 대영박물관에서 전시하고 있다. 오스만투르크 제국으로부터 독립한 이래, 그리스 정부는 지금까지도 지속적으로 반환을 요구하고 있지만, 영국 정부는 이 핑계 저 핑계로 거부하고 있다.

황금비율의 신전

모든 것을 '수'와 연관시키기 좋아했던 피타고라스와 그를 추종하는 학자들은 가장 안정감 있고 조화로우며 질서 있는 비율을 찾아내고자 했다. 그들은 세상에 존재하는 여러 가지 것들을 두고 우리가 '아름답다'라고 느끼는 것은 그것이 다른 무엇보다 완벽한 비례를 가지고 있기 때문이라고 보았다.

그들은 정오각형 안에서 그 가장 아름다운 비율, 황금비를 찾아내게 된다. 정오각형 안에 대각선을 그으면 별 모양이 생기는데, 그 중 짧은 변과 긴 변의 길이 비율이 5대 8, 즉 1대 1.618이 된다는 사실을 알아냈다. 이 대각선들은 서로 얽히면서 가운데에 또 다른 정오각형을 만들어내고, 그 정오각형 역시 황금비율을 이루는 대각선들에 의해 또 정오각형을 만들어낸다. 1 대 1.618의 황금비를 발견한 이래, 그리스인들은 밀로의 〈비너스〉 같은 예술품을 비롯해서 생활 식기부터 신전에까지 이 비율을 적용하고자 했다. 오늘날에도 성냥갑, 신용카드, 책, 텔레비전 등등의 가로 세로 길이에 이 황금비를 적용하고 있다.

위 황금 비율의 파르테논 신전
아래·좌 황금비가 있는 정오각형 별
아래·우 황금 비율의 비너스

Note

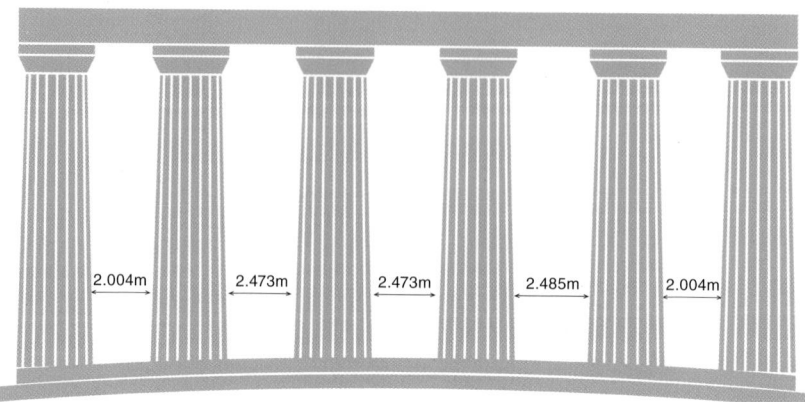

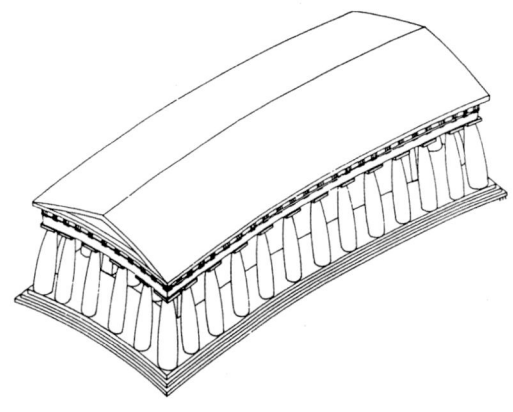

같은 줄 양끝에 서 있는 기둥은 배경의 하늘 때문에 더욱 가늘어 보일 것을 우려, 다른 기둥들보다 5cm 정도 두껍게 만들었고, 옆 기둥과의 간격도 다른 기둥들 간의 간격에 비해 더 가깝게 해놓았다. 바닥 역시 중앙을 높게 해서 표면의 높이 차가 10cm 이상 나게 했다.

아테나를 위한, 그러나 인간을 위한 신전

파르테논 신전은 대부분의 그리스 신전이 그러하듯, 직사각형 모양으로 가로 세로의 비율이 1대 1.618의 황금비이다. 도시의 가장 높은 곳, 아크로폴리스 꼭대기에 위치한 파르테논 신전은 도리아식 기둥들을 동과 서에 각각 8개, 남과 북에 15개, 도합 46개를 두었다. 거의 10m 높이에 가까운 기둥들은 우리 눈엔 반듯해 보이지만, 실은 중앙이 불룩하다. 이는 우리나라 옛 건축물의 배흘림기둥을 연상케 하는데, 직선으로 반듯하게 만들면 오히려 중앙이 오목하게 들어가 보인다는 점을 감안한 결과이다. 뿐만 아니다. 같은 줄 양 끝에 서 있는 기둥은 배경의 하늘 때문에 더욱 가늘어 보일 것을 우려, 다른 기둥들보다 5cm 정도 두껍게 만들었고, 옆 기둥과의 간격도 다른 기둥들 간의 간격에 비해 더 가깝게 해 놓았다. 바닥 역시 중앙을 높게 해서 표면의 높이 차가 10cm 이상 나게 했다. 이 모든 것이 인간의 눈이 가지는 착각, 즉 착시현상을 고려한 결과이다. 신전의 주인인 아테나 여신에게는 이 모든 것들이 비뚤비뚤해 보였을지 모르지만, 인간에겐 완벽하게 반듯한 상태로 보였을 것이다. 팔이 안으로 굽는다고, 신이 아니라 인간이 만든 것이기에 그것이 아무리 신전이라 해도 결국은 인간을 위한 곳이 될 수밖에 없었던 것이다. 하지만, 이 신전은 누구나 들어갈 수 있는 곳이 아니었다. 기독교의 교회나 이슬람의 회당 등과 달리, 그리스인들의 신전은 허락 받은 사제들 이외의 일반인은 출입이 엄격하게 제한되어 있었고, 제의식 등 관련행사들은 신전을 바라볼 수 있는 입구 쪽에서 행해졌다.

위 알마 타데마, 〈프리즈를 보여주고 있는 페이디아스〉
1868 패널에 유채, 72.5×109.2cm, 버밍엄 시립박물관과 미술관
아래 〈기마행진〉, 파르테논 신전 북쪽 프리즈, 기원전 440년경, 대리석
높이 106cm, 런던 대영박물관

상단, 알마 타데마 그림 속의 채색된 프리즈는 하단과 같은 모습으로 남아 있다. 완벽한, 그리하여 이상적인 몸매를 과시하는 왼쪽 끝 누드상과, 오른쪽 끝, 행렬 준비를 위해 한 소년이 주인 옷에 띠를 묶어주는 부분이 인상적이다.

화려했던 신전의 옛모습

　신전 동쪽과 서쪽의 지붕 아래, 삼각형 모양의 페디먼트에는 아테나의 탄생과 포세이돈에 대한 아테나의 승리가 조각되어 있었다. 그리고 신전의 내실 외벽 상단의 프리즈에는 신화 속 주요 등장인물 360여 명과 말 219필 등의 모습이 있었다. 신전 외부의 지붕과 기둥 사이 메토프 역시 조각으로 가득 찼다. 세월이 흐르면서 이들 존재는 희미해져 갔지만, 19세기의 고대 그리스와 로마 문화에 대한 관심이 고조되면서 파르테논의 원래 모습을 찾아내려는 시도가 활발해지기 시작했다. 그 시절, 알마 타데마 작품 속 프리즈나 페디먼트, 메토프*는 화려한 색으로 채색되어 있다. 화가의 단순한 상상력이라 생각하겠지만, 신전은 애초에 이처럼 여러 가지 색을 입은 채로 자신의 위용과 아름다움을 과시하고 있었더랬다.

　건축물을 장식하던 이 부조들은 19세기 초, 영국의 엘긴 경이 죄다 뜯어내어 대영박물관으로 옮겨버려 어쩌다 몇 작품만 아크로폴리스 미술관에서 볼 수 있을 뿐이다. 그리스 최고의 자랑거리인 신전임에도 불구하고, 관련 책자에서 그를 장식했던 최고 기량의 조각 작품들을 대영박물관 소장이라는 딱지를 달고 설명해야 하는 그리스인들의 심정이 어떨지는 짐작이 어렵지 않다. 아크로폴리스에서 발굴된 것들을 중심으로 소장·전시하는 아테네의 아크로폴리스 박물관에는 파손되거나, 엘긴에 의해 뜯겨나간 파르테논 신전의 페디먼트를 다시 조각해 전시하고 있다.

- **메토프** 트리글리프 사이에 있는 칸막이 같은 판으로 주로 도리아식 신전에서 볼 수 있다.(p. 69 참조)

신을 위한 언덕　85

아테나

〈누워 있는 남자〉, 파르테논 신전의 동쪽 페디먼트 중

위   K. 슈베르체크, 〈파르테논 신전 서쪽 페디먼트 재조각〉, 1898
아테네 아크로폴리스 박물관

아래   K. 슈베르체크, 〈파르테논 신전 동쪽 페디먼트 재조각〉, 1904
아테네 아크로폴리스 박물관

위 〈누워 있는 남자〉, 파르테논 신전의 동쪽 페디먼트 중 일부
기원전 435년경, 런던 대영박물관

아래 〈여신상〉, 파르테논 신전의 동쪽 페디먼트 중 일부
기원전 435, 런던 대영박물관

페디먼트

서쪽 페디먼트는 삼지창을 든 포세이돈과 창과 방패를 든 아테나가 자신들을 따르는 무리들을 대동하고 서로 아테네 시를 두고 팽팽하게 대립하는 장면이다. 아테나 뒤로 그녀가 이 도시에 선사하기로 한 올리브 나무가 보인다. 이 두 신들 뒤로 각각 양쪽에 마차가 보인다. 그리스 전성기의 예술은 비례와 조화가 중요시되었던 만큼, 양쪽이 두 신을 기준으로 하여 인물이나 마차 등을 포함하여 그 자세나 수에서 팽팽하게 균형을 이루고 있다.

반대편, 동쪽 페디먼트 중앙에는 이미 다 자란 채로 태어난 아테나를 제우스가 쳐다보고 있는 장면을 담았다. 날개 달린 작은 승리의 여신 니케가 아테나의 머리에 월계관을 씌워주고 있다. 페디먼트 양쪽에는 막 마차를 타고 올라오는 헬리오스 신과 마차를 타고 아래를 향해 내려가는 셀레네 신의 모습이 대조를 이루고 있다. 서쪽 페디먼트와 마찬가지로 등장인물(신)들은 삼각형 모양에 맞춰 더러는 눕고, 더러는 앉고, 또 더러는 선 자세로 공간을 꽉 채우고 있다. 동쪽 페디먼트의 조각상들 중 사람들의 시선을 가장 잡아채는 조각상은 왼쪽 귀퉁이, 삼각형의 모서리 부분에 딱 맞게 만들어진 비스듬하게 누운 남자의 모습과 반대 방향 모서리의 〈여신상〉들이다 그러나 정확히 그들이 누구인지는 확실한 기록이 없어 알 수가 없다.

알랭 르키어, 〈실물크기로 재현한 아테나 파르테노스 상〉, 1990
페이디아스 원작(기원전 440년경), 미국 내쉬빌 센테니얼 공원

아테나 신상

파르테논 신전 내부에는 황금과 상아로 만든 화려한 아테나 신상이 높이 12m로 세워져 있었다. 신상에 사용된 황금은 1000kg이 넘었을 것으로 추정된다. 사정이 이렇다 보니 페이디아스로서는 과도한 제작비를 요구할 수밖에 없었을 것이고, 그 때문에 일각에서는 그가 횡령을 하는 게 아닌가 하는 의심도 있었던 모양이다. 어마어마한 양의 황금으로 만들어진 신상은 신에 대한 경배보다는 차라리, '떼내서 한 밑천!' 이라는 세속의지만 더 자극했을지도 모른다. 신상은 누군가의 손에 토막 나 사라졌고, 현재로서는 복제품들을 통해서나 그 모습을 볼 수 있다. 아테나는 양쪽에 날개 달린 말 투구를 쓰고 있다. 그녀의 왼쪽 어깨에는 창이 기대어져 있고, 방패가 그 곁을 지킨다. 방패 뒷면에는 휘휘 몸을 감은 뱀이 보인다. 갑옷 정중앙에는 뱀을 머리카락으로 하는 메두사의 얼굴이 새겨져 있다. 자신을 쳐다보면 무엇이든 돌로 만든다는 점에서 메두사의 노려보는 눈은 아테나와 늘 함께 하는 부엉이의 눈을 닮았는지도 모르겠다. 아테나의 오른손에는 승리의 여신이 함께 한다. 든든한 갑옷을 걸치고 있지만, 그 아래로 그녀가 입고 있는 페플로스(p.50 참조)가 보인다.

벨라스케스, 〈헤파이스토스의 대장간〉, 1630, 캔버스에 유채
223×290㎝, 마드리드 프라도 미술관

그림 속 헤파이스토스는 딱 보기 좋은 체격에 성실한 노동자를 연상시키지만, 신화가 전하는 바에 의하면, 그는 생김새가 추하고 다리 하나는 성치 못한 몸이었다. 화면 왼쪽, 아폴론이 나타나 그에게 아프로디테가 전쟁의 남신 아레스(마르스)와 바람을 피고 있다는 사실을 모양 빠지게 고하는 중이다. 헤파이스토스의 놀란 얼굴 표정이 자연스럽게 표현되어 있다.

리카비토스(뤼카베토스) 언덕

미녀와 야수

제우스의 아내 헤라가 바람기 많은 남편을 응징하기 위해 혼자 만들었다는 아이, 헤파이스토스(볼카누스)는 제우스와 헤라의 부부싸움 중에 떨어져 다리를 다친 데다가 생김새도 그다지 훤칠하지 못했다. 하지만 손재주 하나는 타고 나서 대장장이의 신 노릇을 하며 지냈다. 그는 세상에 못 만드는 게 없는 기술자 중의 상기술자로, 올림포스 신들의 사랑을 독차지했고 마침내 아름다움의 여신 아프로디테와 결혼까지 하는 영광의 날들도 누리게 되었다. 물론 아프로디테에게 행실방정을 기대한다면, 붕어빵에서 진짜 붕어를 기대하는 것처럼 어리석은 일, 주체 못할 바람기로 전쟁의 남신 아레스와 한바탕 놀아나다 헤파이스토스에게 들키기도 한다. 그렇다고 해서 헤파이스토스가 아내의 바람기를 탓할 만큼 단정했느냐 하면 그 역시 인간적인 생각에 불과하다. 어느날, 헤파이스토스는 아테나 여신에게 불타는 욕정을 느껴 그녀를 덮쳤다가 단번에 거부를 당하게 되었다. 그 와중에 헤파이스토스는 그녀의 다리에 정액을 쏟는 민망한 상황을 연출하게 되었는데, 제법 쿨한 아테나는 이 얼굴로 살다 보니 어디 이런 애들 한둘이냐는 듯, 양털로 쓱쓱 닦아 아무렇지 않게 땅에 휙 던져버렸다 한다. 그런데 그 땅에 떨어진 것들을 땅의 여신 가이아가 거두고 품어 달을 채우고 아이를 낳은 뒤에 아테나에게 건네는데, 아테나는 그를 마다하지 않고 받아 혼자 잘 키우기로 했다.

아테나의 분노

아테나는 명색이 '처녀의 신'이 아이를 키운다는 사실을 말하기가 껄끄러웠던지, 아이를 영원히 다른 신들의 눈에 띄지 않게 키우고자 했던 모양이다. 어느 날 볼일이 있어 외출하려던 참에 아테나는 아이를 바구니에 넣어 아테네의 왕 케크롭스의 세 딸에게 잠시 맡기며 '절대로 열어서는 안 된다'는 엄명을 내렸다. 그러나 신화 속 등장인물들 중 하라는 대로 말 잘 듣는 애들은 없는 법, 딸들 중 두 명이 바구니를 살짝 열어보고 말았는데, 기절초풍으로 미쳐 날뛰다 아크로폴리스에서 뛰어내려 죽었다고 한다. 놀랍게도 아이가 두 발 대신 뱀꼬리를 몸통에 달고 있었던 것이다. 마침 아테나는 케크롭스를 위해 거대한 성 하나를 지어줄 생각으로 커다란 바위를 가지고 하늘을 가로지르다 자신이 키우는 까마귀로부터 사건의 전모를 듣게 되었다. 인간보다 삐짐의 강도가 훨씬 강한 아테나는 들고 있던 거대한 바위를 그냥 놓아버렸는데, 하필 까마귀 위로 떨어졌고, 이어 지상에 떨어져 지금의 리카비토스(Lykabettos, 혹은 뤼카베토스) 언덕이 되었다. 그래도, 바구니 속에 있던 뱀 아이는 훌륭하게 성장했는데, 훗날 케크롭스의 뒤를 이어 아테네를 다스리게 되었다. 그 아이의 이름이 바로 에리크토니오스이다.

 에리크토니오스는 양털을 뜻하는 "에리온erion"과 땅을 뜻하는 "크톤chthon"이 합쳐진 단어로 풀이하는 이도 있다. "헤파이스토스가 흘린 정액을 '양털'로 닦아 '땅'에 던졌는데 태어난 아이"라는 뜻이다.

리카비토스(Lykabettos, 뤼카베토스) 언덕

프로필라이아를 통해 올라가면 왼쪽으로는 에레크테이온, 오른쪽으로는 파르테논 신전이 보인다.

에레크테이온

에레크테우스 이야기

신화에 의하면 에레크테우스는 아테네 왕과 물의 요정 사이에서 부테스와 함께 쌍둥이로 태어났다. 아버지의 뒤를 이어 아테네를 다스리던 중 그는 이웃 나라인 엘레우시스와 전쟁을 치르게 되었다. 엘레우시스의 적장은 승리를 위해 포세이돈의 아들까지 전쟁에 끌어들였다. 판세가 심상찮게 돌아가는 중에 에레크테우스에게 신탁이 내려졌다. 승리를 위해서 딸 하나를 제물로 바치라는 것이다. 이에 아버지는 비장한 결심을 하고 딸 하나를 바치려 했는데, 다른 딸들이 나섰다. 하나는 죽고 둘이 사느니 차라리 다 죽겠다는 것이었다. 비정한 아버지는 "내 뜻 말고, 니들 뜻대로 하세요."라고 대꾸했을 것이고, 결국 세 명의 딸이 다 죽어버리는 참사가 일어났다. 세 딸의 희생으로 에레크테우스는 신탁이 말한 '승리'를 쟁취했다. 하지만 이 전쟁에서 아들을 잃은 포세이돈은 자신의 창으로 에레크테우스를 찔러 죽여버리게 된다. 다른 이야기에 의하면 포세이돈의 청을 들은 제우스가 번개를 내리쳐 에레크테우스를 죽였다고도 하는데, 어찌되었건 사건은 딸 죽고, 아들 죽고, 저도 죽는 슬프고도 비장한 이야기로 마감된다. 현재 아크로폴리스의 북서쪽 지역은 이 에레크테우스의 이름을 딴, 에레크테이온으로 불리며, 같은 이름의 신전이 들어서 있다.

왼쪽은 포세이돈을 모시는 신전이며, 중앙은 아테나 여신을,
그리고 여자들이 머리로 지붕을 받치고 있는 오른쪽은 에레크테우스를 위한
신전이다.

에레크테이온 풍경

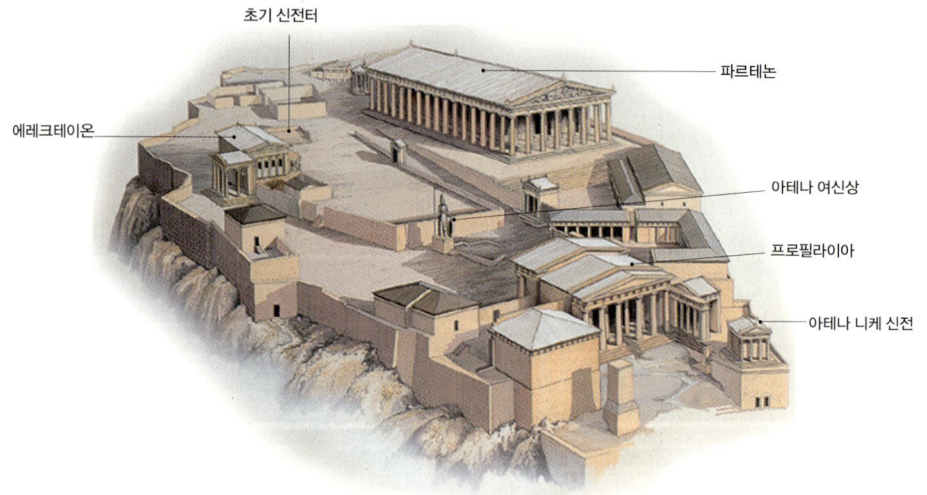

위 에레크테이온의 올리브 나무

올리브 나무

원래 에레크테이온과 파르테논 사이에는 아테나 신전이 있었다. 그러나 전쟁중 아테나 신전은 심각하게 훼손되었고, 그를 재건한 것이 지금의 '에레크테이온'이라고 부르는 신전이다. 이 신전은 "도시국가의 수호신 아테나"라는 뜻의 아테나 폴리아스Athena Polias만 모시는 것이 아니라, 포세이돈, 에레크테우스가 함께 하는 일종의 복합 신전이라 할 수 있다. 신전에는 포세이돈이 삼지창으로 아크로폴리스를 내리친 성스러운 흔적이 남아 있다고 전해지는데, 무엇보다 아테나가 이 도시에 하사했다는, 그 믿거나 말거나 한 올리브 나무도 여전히 남아 있다.

아테네가 아테나 여신을 자신의 수호신으로 택해 도시 이름을 정한 것은 올리브를 선사한 아테나와 짠물을 약속한 포세이돈 둘의 경합에서 아테네인들이 올리브를 선택했기 때문이다. 이와 관련한 또 다른 이야기 하나가 전해진다. 아테네가 하체가 뱀인 케크롭스 왕의 지배를 받던 시절, 올리브 나무와 샘이 동시에 땅에서 솟아났다. 도대체 흉조인지, 길조인지 알 수 없었던 케크롭스는 신탁을 청해 듣게 되는데, 올리브 나무는 아테나 여신을, 샘은 포세이돈을 상징한다는 것을 알게 되었다. 아테네인들은 이 두 신들 중 하나의 이름을 따서 도시 이름을 정하기로 했다. 당시만 해도 아테네는 남녀 공히 선거권이 있었다. 그러나 딱 한 표 차이로 여자들이 지지하던 아테나 여신이 승리하게 되었다. 잘 삐지는 속좁은 걸로 치면 삼지창 끄트머리보다 더 할 포세이돈은 부르르 분노에 떨며 바다를 범람시켰다. 포세이돈을 달래기 위해 케크롭스는 어쩔 수 없이 아테네 여인들의 투표권을 박탈했다 한다.

위 에레크테이온 여상주
아래 아크로폴리스 박물관에는
  여상주의 진품들을 따로 모아
  전시하고 있다.

배반의 장미, 에레크테이온의 여상주들

이 복합 추모 신전 중 무엇보다 눈길을 끄는 것은 남쪽 현관에 해당하는 부분의 여상주, 즉 여자들이 기둥을 대신해 지붕을 받쳐들고 있는 형상이다. 얼마나 모질기에 힘없는 여자들에게 저 무거운 대리석을 받치고 있게 하나 싶은 맘이 들어 자꾸 쳐다보게 된다.

   이 여상주를 카리아티드caryatid라고 부르는데, 비트루비우스(Marcus Vitruvius Pollio, 기원전 80~기원전 15년경)라는 로마 시대의 유명한 건축학자는 자신의 저서 『건축 10서』에 믿거나 말거나의 이야기를 전한다. 그에 의하면 카리아티드는 '카리아'라는 도시에서 비롯된 이름으로, 이 도시는 페르시아 전쟁 때 그리스를 배신하고 페르시아 편을 들었다가, 훗날 호된 보복을 당하게 된다. 남자는 몰살 처형을 당하고, 여성은 상류층이고 하류층이고 할 것 없이 모두 노예가 되었는데, 카리아티드는 노예가 된 여성들을 형상화시킨 것으로 배신의 뒷끝에 대한 처절한 응징을 은유한다고 볼 수 있다. 하지만 비트루비우스의 말을 곧이 곧대로 믿을 수 없는 것은 대체 카리아라는 도시가 어디에 있는지 확인된 바가 없고, 배신 역시 제대로 기록된 것이 없기 때문이다. 하지만 전쟁 직후 그리스에서는 군중을 설득하기 위해서라면 지어내서라도 가능한 설득력 있는 이야기였음이 분명하다.

고전 시대의 종말

페르시아 전쟁에서 승리한 아테네는 페르시아가 다시 그리스 땅을 침범할 경우를 대비하고, 또 페르시아로부터 전쟁 보상을 제대로 받겠다는 명분하에 몇몇 도시국가들을 끌어들여 군사동맹을 맺었다. 지금의 터키 서부 해안에 해당되는 이오니아 지역과 에게 해 연안의 도시들이 참여하는 이들 동맹은 델로스 섬에 그 본부를 두었다 하여, 델로스 동맹이라고 부른다. 그러나 아테네의 번영은 그다지 오래 가지 못했다. 아테네는 동맹국들에게 다소 무리한 요구를 행사하기 시작했고, 이에 대해 스파르타가 크게 반발했다. 그리스 땅은 아테네를 중심으로 한 델로스 동맹과 스파르타를 중심으로 한 펠로폰네소스 동맹 간의 갈등으로 긴장이 고조되었다. 파르테논 신전을 완공하고, 승리의 축가를 울린 감격의 날로부터 겨우 7년 만인 기원전 431년, 두 동맹 간에 전쟁이 일어나는데, 이를 펠로폰네소스 전쟁(기원전 431~기원전 404)이라 부른다.

강인한 도리아인의 후손인 스파르타에 비해, 소아시아 인근 이오니아인들의 후손인 아테네인들은 섬세하고 부드러운 성격으로 평화를 지향하고 민주주의를 꽃피웠지만, 전쟁에서는 다소 불리했던 모양이다. 기원전 404년, 30여 년간의 전쟁은 역병의 공습까지 받으면서 회생 불가 상태에 이른 아테네의 백기 투항으로 끝났다. 그리고 아테네를 중심으로 하던 엄격하고, 단순하면서도 명료한, 그리하여 비례와 질서라는 어법에 가장 충실했다고 볼 수 있는 그리스 고전주의는 내리막길로 접어든다.

신전의 모습도 달라졌다. 고전기에는 납작한 접시를 뒤집어 엎

Note

은 듯한 기둥 머리를 가진 도리아식 신전이 유행했다. 파르테논 신전은 바로 이 고전기 절정의 신전으로 도리아식이다. 이때만 해도 기둥과 건물, 기둥 간의 비율 등이 엄격하게 지켜졌다.

건축사에서는 펠로폰네소스 전쟁이 발발하던 기원전 430년경부터 후기 고전주의라고 칭하는데, 두드러지는 특징 중 하나가 양 끝이 소용돌이 모양으로 접힌 듯한 모양의 기둥 머리를 가진 이오니아식 신전 건축이 유행하기 시작했다는 점이다. 도리아식이 비례와 균형 등의 다소 보수적이고 엄숙하고 엄격한 느낌이라면 이오니아식은 다분히 장식적이며 아름다움을 위해, 혹은 필요에 의해 적당히 비율을 무시하는 경향이 있다. 그 예로 에레크테이온 신전을 들 수 있다. 게다가 신전 하나에 여러 신을 모시겠다는 발상 덕분에 단일한 직사각형의 명료하고 단순한 평면도가 사라지고 복잡한 구조로 변한 것도 다소 파격적이라 할 수 있다. 어디 그뿐인가. 날렵하고 경쾌한 이오니아식 기둥에 더해 아예 여체의 모습을 담은 여상주가 등장한 건 고전기의 끝을 알리는 신호로 볼 수 있다.

도리아식

이오니아식

코린트식

Athens

3

그리스 아름다움

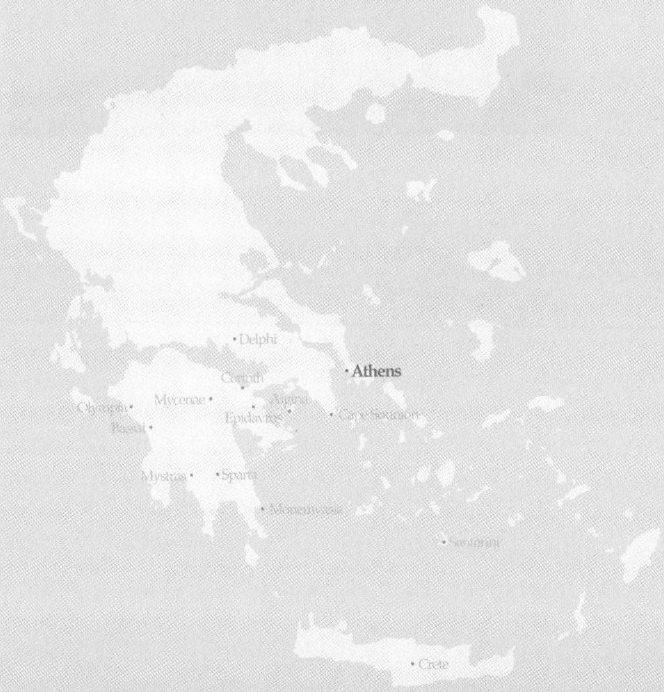

- Delphi
- Corinth
- Athens
- Olympia
- Mycenae
- Aigina
- Cape Sounion
- Bassai
- Epidavros
- Mystras
- Sparta
- Monemvasia
- Santorini
- Crete

〈제우스 상〉, 기원전 460년경, 청동상, 209cm,
아테네 국립 고고학미술관

그리스의 아르테미시온(Artemision) 곶에서 발견되었다 해서, 아르테미시온의 조각상이라고도 불리는 이 신상은 포세이돈으로 추정되기도 하나 제우스로 보는 것이 더 일반적이다. 왼쪽 팔을 쭉 뻗고 있는데, 오른쪽 팔은 아마도 번개를 들고 있었을 것이다. 고대 그리스 시절 만들어진 많은 청동상들은 로마인들의 약탈과 함께 녹아 사라졌다. 다행히도 로마인들은 이 작품들을 석고와 대리석으로 복제해, 거실이나 정원을 장식했다. 우리가 흔히 그리스 조각상! 하면 떠올리는 하얀색의 차가운 이미지는 사라진 수많은 청동상의 존재를 잊은 탓이다. 온 힘을 다해 두 팔을 뻗고 있는 저 자세를 애초에 대리석으로 만들려면 팔 아래를 받치는 받침대 같은 것이 분명 필요했을 것으로 보인다.

제우스

신 중의 신 제우스(Zeus, 로마 신화에서는 주피터)는 그리스어의 모체가 되는 인도유럽어로 "빛나는"이라는 뜻을 가지고 있으며, 따라서 빛나는 모든 것을 가능하게 하는 '하늘'의 신이라 할 수 있다. 제우스는 자식이 태어나면 곧장 삼켜버리는 아버지 크로노스와 그 일파들을 상대로 싸워 이긴 뒤 형제들과 세상을 나누어 지배하기로 하고 자신은 하늘을, 포세이돈은 바다, 하데스는 지하세계를 맡기로 했다. 얼핏 보면 공평한 처사 같지만, 실상은 포세이돈과 하데스의 권한을 바다와 지하로 한정시켜놓고, 그 나머지 전부는 제우스가 알아서 다스렸다는 게 정확하다. 제우스는 이들 외에 헤스티아, 데메테르, 헤라 등의 형제가 있는데, 비록 그중 막내이지만, 올림포스산의 신들 중 가장 권위가 막강하며, 신뿐만 아니라 인간 모두를 지배하는 자이다.

바람둥이로 유명한 제우스는 누이이자 아내인 헤라 이외에도 수많은 여신과 여인 사이에 아이를 두었는데, '이 정도는 돼야 제대로 된 남성'이라는 사고의 집합이자, '권력을 가진 자'만이 '예쁘고 마음에 드는 여성'을 지목하여 취할 수 있고, 그를 통해 낳은 아이가 자신의 권위를 이어받는, 부계 혈통의 당위성을 강조하는 상징적인 신이라 할 수 있다.

제우스 신전, 44.35×110.5m
기원전 6세기경에 짓다 중단, 다시 기원전 174~기원후 132년까지 지어진 제우스 신전은 올림포스 신 중의 신을 모신 신전이라 하여 올림피에이온이라고도 부른다.

제우스 신전
덩치 클 수밖에

아테네가 여신 아테나의 이름을 따온 도시여서일까? 아크로폴리스에서 아래쪽으로 내려다 보면 아버지 제우스를 위한 기둥 몇 개가 전부인 신전이 어쩐지 딸 아테나의 신전, 파르테논 보다 한참 못해 보인다. 별로 볼 것 없겠다 싶어 그냥 생략할까 하는 유혹이 생길 정도이다. 하지만 막상 언덕을 내려와 지상에서 접근하면 와 닿는 느낌이 달라진다. 파르테논에 비해 훨씬 넓고 탁 트인 터가 우선 시야를 후련하게 만든다. 늘씬하게 뻗은 기둥에서 짐작되는 신전의 높이 역시 아버지와 사춘기 딸의 키 차이만큼 더 높아 탄성을 자아낸다. 모든 세상적인 것으로부터 홀연해진 아크로폴리스처럼 '저 높은 곳'의 신령한 분위기는 없지만, 지상에 단단히 발을 묻은 거대한 기둥 몇 개, 그 끝이 가리키는 하늘, 그 구름 뒤로 제우스의 기침소리가 천둥으로 전해질 듯하다.

제우스 신전과 파르테논 신전을 파손 이전의 원래 모습으로 비교해보자면, 제우스 신전이 파르테논 신전보다 훨씬 월등하다. 파르테논은 기둥이 총 46개로 이루어져 있다. 그러나 제우스 신전은 104개의 기둥을 가지고 있으니 2배가 넘는다. 기둥의 높이 역시 11m의 파르테논에 비해 17m이다. 사실, 이 신전은 그리스 본토에 세워진 신전들 중 가장 규모가 크다. 누구도 아닌 제우스를 위한 신전이며, 다른 곳도 아닌 그리스 역사의 중심지, 아테네에 세워진 것이니 그럴 수밖에 없다.

제우스 신전의 코린트식 기둥

코린트식 기둥머리

아크로폴리스의 파르테논 신전은 기둥 모양이 도리아식이다. 그러나 제우스 신전은 모양이 다르다. 도리아식 기둥이 그리스 고전 시기까지의 건축물에 주로 사용되었다면, 이오니아식은 고전의 엄격함, 그리고 명료함과 질서감이 다소 느슨해지기 시작하면서부터 유행을 탔고, 그 뒤를 이를 이어 코린트(코린토스라고도함)식이 등장한다.

코린트식 기둥머리는 아칸투스acanthus라는 식물 이파리를 본떠 장식으로 했다. 이 모양은 페이디아스의 제자, 칼리마코스(Callimachus, Kallimachos, 기원전 310/305~기원전 240)라는 조각가가 코린트에서 무덤 주위의 기둥이 아칸투스 나무 이파리에 잔뜩 파묻힌 걸 보고 착안한 것이다. 따라서 처음에는 아칸투스 이파리 모양이 주를 이루었지만, 나중에는 다른 식물 이파리들이 대신하기도 한다. 바세의 에피쿠리우스 신전(p.252 참조)의 코린트식 기둥이 처음인 걸로 전해지는데, 아마도 기원전 430년 정도부터 사용되었던 것으로 보인다.(p.207 참조)

이오니아식이 엄격한 비례에서의 탈출 감행이라면, 코린트식은 머리에 꽃을 꽂고 한껏 멋을 내기 시작한다. 장식성이 발달했다는 것은 과시적인 욕구도 강해졌다는 말과 일맥 상통한다. 세부적인 장식이 강해지면서도 건물의 규모는 커져 갔다. 이 과정을 제우스 신전이 담고 있다.

제우스 신전

무려 600년 동안 공사중

제우스는 한때 인간세상의 타락을 더 이상 볼 수가 없어 홍수로 모든 것을 내치고자 계획했다. 그러나 인간을 만들고, 그 인간을 너무나 사랑해 불을 선사해 인류의 발전을 가능하게 한 프로메테우스를 아버지로 둔 데우칼리온은 아버지의 예지력 덕분에 미리 배를 준비, 아내와 함께 살아남을 수 있었다. 그는 홍수가 잦아들 무렵에 발견한 물 빠지는 통로 자리에 신전을 세워 제우스에 대한 감사의 예를 다했다. 그로부터 얼마나 세월이 지났을까. 기원전 515년경, 참주였던 페이시스트라토스(Peisistratos, 기원전 600년경~기원전 527)는 같은 장소에 다시 신전을 세우도록 명령했다. 하지만 공사는 자금 부족 등의 이러저러한 이유들로 중단이 되었다가 300여 년이 흐른 기원전 174년, 헬레니즘제국 치하, 시리아의 안티오코스 4세 시대에 공사가 재개되기 시작했다. 그러나 이번에도 기둥만 완성된 상태로 그쳐야 했다. 적막한 시간이 흘렀다. 그 사이 기원전의 달력이 뜯겨져 나가고, 기원후 AD로 세월이 바뀌었다. 기원후 132년, 로마 황제 하드리아누스(Pablius Aelius Hadrianus, 재위 117~138)가 완공을 지시했다. 장장 650년 걸린 제우스 신전, 워낙 위대한 신이라서인지 신전 건축도 그만큼 오래 걸린 셈이다.

제우스 신전 역시 약탈과 파괴의 수모를 견디지 못했다. 중세 천 년의 기독교 시절, 석재들이 파헤쳐져서 교회 건물을 짓는 데 사용되었다. 비록 현재 모습은 몇 개의 기둥이 간신히 그 명맥을 유지하지만, 그 지속적인 폭력으로도 결코 꺾지 못한 고집에 가까운 자존감이 서려 있는 탓인지, 어딘지 모르게 위엄과 권위, 당당함이 느껴진다.

하드리아누스의 아치

하드리아누스 황제는 네르바, 트라야누스, 안토니누스 피우스, 마르쿠스 아우렐리우스 등 로마의 황금시기를 이끈 다섯 명의 위대한 황제, 5현제 중 한 사람이었다. 황제는 직접 건물을 설계할 만큼 건축을 비롯한 예술전반에 전문가 수준의 식견과 애정을 가지고 있었다. 재위시절 그는 로마뿐 아니라 로마제국의 속국에도 자신의 위엄을 알리는 기념비적인 건축을 지시하곤 했다. 무엇보다 그리스 미술의 열렬한 추종자로서 그의 주도로 지은 로마의 판테온은 그리스에서 직접 공수해간 코린트식 기둥으로 장식되기까지 했다. 아테네를 워낙 사랑해, 자주 로마를 떠나와 있었던 그는 자신의 이름을 넣은 하드리아누스 도서관을 아테네에 건립하기도 했다. 아쉽게도 현재 하드리아누스 도서관은 사라지고 없다. 그는 제우스 신전의 완공을 명령했을 뿐 아니라, 기원후 132년, 아테네 방문을 기념해 하드리아누스의 아치라고 하는 개선문을 세우도록 했다. 반원형의 아치는 로마 건축의 특징이라 할 수 있는데, 그 아치의 상단은 그리스 신전의 모습을 고스란히 빼닮았다. 그리스와 로마가 섞이는 순간이다. 이 개선문을 기준으로 한쪽은 아테네의 구시가지, 또 한쪽은 그에 의해 새로 개축된 신시가지가 이어지는데, 구시가지쪽에 적힌 비문에는 '여기는 테세우스의 도시이다', 반대편 신시가지 쪽은 '여기는 테세우스가 아닌 하드리아누스의 도시이다'라는 말이 새겨져 있다.

하드리아누스의 아치, 131~132년경, 대리석, 13.5×18m

카라바조, 〈디오니소스〉, 1596년경, 캔버스에 유채, 95×85cm
피렌체 우피치 미술관

17세기 이탈리아 화가 카라바조가 그린 디오니소스는 어린 소년의 모습으로 포도 넝쿨을 머리에 두른 채 이미 거나하게 취해 화면 밖 우리를 쳐다보고 있다. 한잔 어때 하고 잔을 건네는 그의 손을 자세히 보면 손톱에 때가 끼어 있는 것을 알 수 있다. 디오니소스는 귀족적이거나 세련된 취향과는 다소 거리가 먼 신으로 여겨지곤 했다.

디오니소스 대극장
포도주의 신, 디오니소스

그리스 신화의 디오니소스(로마에서는 박쿠스)는 올림포스 12신 중 유일하게 인간과 신 사이에서 태어났다. 바람기 많은 제우스로 인해 테베의 공주 세멜레는 덜컥 임신을 하게 되었다. 이런 일이 있을 때마다 귀신처럼 눈치 채고 등장하는 헤라는 세멜레의 어린 시절 유모로 변장한 뒤 "공주님을 사랑하신다는 제우스가 진짜로 사랑하기는 하는 거냐? 천상의 갑옷을 입은 모습을 한 번도 보여준 적도 없는데 무슨 사랑이겠느냐"는 식으로 세멜레의 약을 올린다. 세멜레는 제우스에게 진정한 당신의 참사랑 운운하며 그를 다그치기 시작했다. 할 수 없이 그는 천상의 갑옷을 입은, 그야말로 신의 모습으로 등장하게 된다. 하지만 인간은 신의 옷을 감당할 수가 없었다. 갑옷에서 뿜어 나오는 빛이 번개와도 같이 세멜레의 온 몸을 불태워버렸던 것이다. 제우스는 얼른 세멜레의 뱃속에서 자라고 있는 아이를 꺼내 자신의 허벅지에 담아 키우는데, 달을 채워 태어난 그 아이가 바로 디오니소스이다.

태어나면서부터 헤라의 곱지 않은 시선을 받게 된 디오니소스는 그녀의 저주로 광기에 휩싸인 채 살아야 했고, 그 집요한 박해를 피해 세상을 떠돌며 포도 생산이나 포도주 제조 방법을 인간들에게 전파하며 다녔다. 그로 인해 디오니소스는 포도주의 신, 나아가 술의 신으로 추앙받는다.

미켈란젤로, 〈디오니소스〉, 1497, 대리석, 높이 203cm
피렌체 바르젤로 국립미술관

머리가 아닌 다리

디오니소스가 제우스의 몸 중에서도 하필 머리 부분이 아닌 허벅지에 간직되었다 나왔다는 말은 곧 '머리'에 대비되는 '다리', 즉 그 관능성을 강조하는 셈이다. '술의 신'이라는 것도 이성을 벗어난 어떤 상태를 떠올리게 한다. 니체가 자신의 저서 『비극의 탄생』에서 말한 '아폴론적인 것과 디오니소스적인 것'은 빛을 상징하는 아폴론의 논리나 이성을 디오니소스의 광기와 대비시키는 것인데, 이 두 흐름은 서양인들이 삶을 읽어내는 두 가지 주요한 축이라 할 수 있다. 결국 디오니소스는 이성적이고 합리적이며 절제와 균형을 으뜸으로 치는 그리스 사람들에게 역설적으로 휴식, 진솔한 감정, 순수한 동물적 충동과 그 해소를 통한 쾌감 등을 상기시킨다고 볼 수 있다.

기원전 6세기, 아테네의 참주였던 페이시스트라토스(Peisistratos, 기원전 600년경~기원전 527)가 디오니소스를 찬양하는 제전, 대(大) 디오니시아The Dionysia를 범국가적 행사로 개최한 것은 '규율과 합리'라는 '옳지만 답답한' 삶으로부터 '정신줄 내려놓고 막 가는 삶'을 즐길 시간을 도시민들에게 아편처럼 선사하기 위한 것일 수도 있다. 또한, 귀족제를 무너뜨려 그들의 막강한 권한을 축소하려 했던 그의 입장에서는 깔끔하고 세련된 도시 이미지의 다른 신들보다는 포도 수확에 열을 올리는, 왠지 농민 이미지에 더 어울리는 디오니소스를 전면에 내세우는 것이 민중을 기반으로 하는 정치적 이상을 선전하기에 더 좋았을 것이다.

윌리엄 부게로, 〈님프들과 사티로스〉, 1873, 캔버스에 유채
280×180cm, 메사추세츠 주 윌리엄스타운 클락미술관

염소들의 노래

아테네에서는 대 디오니시아에 연극 경연대회를 통해 뽑은 작가 3인의 비극작품을 무대에 올리곤 했다. 비극을 뜻하는 영어 단어, 'tragedy'는 그리스어로 '양(또는 염소: trago)'의 '노래dia'에서 비롯된 것으로 "디오니소스 신을 위해 염소를 제물로 바치며 부르던 노래"라는 의미를 가지고 있다. 디오니소스 신에게는 자신을 추종하는, 얼굴과 상반신은 사람이면서 하반신은 염소로, 이마에 염소뿔을 단 사티로스(흔히 판과 동일시된다)라는 존재가 있었다. 때문에 오래전부터 디오니소스를 따르던 여신도들은 정신줄 놓는 광란의 파티를 벌일 때, 이 염소의 탈을 쓰곤 했다. 기원전 5세기에는 아이스킬로스, 소포클레스, 에우리피데스와 같은 비극작가들이 활발하게 활동했고, 기원전 3세기에 이르면 이제 연극이 굳이 디오니시아를 위한 종교행사의 하나로서뿐 아니라 오로지 재미를 위해서도 상연되었다. 전문 연극단이 생기고, 관람객을 동원할 수 있다면 어디라도 가서 극을 상연하고, 때가 되면 다시 떠나는 떠돌이 연극인들이 활동했다.

디오니소스 극장
기원전 6세기 후반에 목조로 지어진 것을 기원전 4세기경 대리석으로 교체했으며, 로마 시대까지 지속적으로 증개축되었다.

폐허로 남은 디오니소스 극장

고대 그리스 시대의 극장건물은 연극 상연뿐 아니라 시민들의 민심을 모으는 민회를 개최하고 재판도 이루어졌다. 관람석과 배우들이 연기하는 무대 사이, 사실상 극장의 중심부에는 합창단이 춤추고 노래하는 둥근 공간, 오르케스트라가 있다. 이 오르케스트라 정중앙에는 제단이 놓였던 흔적이 있다. 따라서 극장은 제사를 지내는 역할도 담당했음을 알 수 있다.

파르테논 신전 아래로 내려다보이는 디오니소스 극장은 아테네의 참주, 페이시스트라토스가 기원전 6세기부터 대 디오니시아를 개최하기 시작하면서 만든 것으로 원래 목조로 지어졌다가 기원전 4세기경에 대리석으로 재건축하였으며, 로마 시대까지 개축이 이어졌다. 일반적으로 고대 그리스인들은 오르케스트라의 모양을 원형으로 만들었지만, 로마 시대에 오면서부터 반원형으로 변해간다. 이 극장은 약 1만 4천~1만 7천명 정도의 관객이 들어갈 수 있었는데, 그리스 비극! 하면 당장 떠오르는 아이스킬로스, 소포클레스, 에우리피데스와 희극의 아리스토파네스의 작품들이 처음 상연된 곳이라는 점에서 감회가 남다를 수밖에 없다. 서기 4세기, 기독교가 세상을 지배하면서 거의 폐허가 되어 오늘에 이르는데, 파손 정도가 심한 만큼, 그리스 극장 건축의 모습을 제대로 파악하려면 에피다우로스 극장(p.244 참조)을 보는 것이 낫다.

디오니소스 극장의 실레노스

워낙 파손 정도가 심해 과연 여기가 극장터였나 싶을 정도이지만 그래도 무대를 장식하던 부조들 일부는 볼 수 있다. 무엇보다도 장식 조각들 중 눈에 띄는 것은 유난히 덩치가 큰 들창코의 못생긴 사내이다. 그는 실레노스이다. 판Pan 신의 아들인데, 판은 하반신은 말, 상반신은 못생긴, 그리고 대체로 노인의 얼굴을 한 남자로, '광기의(패닉, panic)'라는 단어의 어원이 되기도 한다. 실레노스는 사티로스Satyros의 아버지, 혹은 늙은 사티로스들을 일컫는 말로도 알려져 있다. 염소나 말의 하체를 가지고 있고, 늘 발기 상태의 남근이 달려 있는 모습으로 묘사되곤 한다. 납작코에 두꺼운 입술의 못생긴 얼굴이 특징인 사티로스, 그리고 실레노스를 두고 '염소의 하체에 소크라테스의 상체'라 놀리기도 하는데, 못생긴 걸로 유명한 소크라테스의 얼굴을 닮아서이기도 하지만, 그만큼의 지혜, 학식, 그리고 세상경험을 두루 갖추고 있었던 터라 디오니소스의 스승이기도 했다. 덕분에 디오니소스와 관련된 그림에 자주 등장한다.

위 **무대 난간 정도 되는 부분에 장식된 조각상 중에서**
오른쪽, 무릎을 굽힌 채 막 밖으로 튀어나오려는 듯한 자세의 남자가 보인다. 그가 바로 디오니소스 신을 가르친 스승, 실레노스이다.

아래 **루벤스, 〈술 취한 실레노스〉, 1616~1617, 나무에 유채**
212×214.5cm, 뮌헨 알테피나코테크

위 헤로데이온

160년경 헤로데스 아티쿠스가 죽은 아내 레기나를 기리기 위해 후원하여 세운 극장이다.

아래 헤로데이온 항아리

무대 왼쪽 끝 한 구석에 놓인 항아리는 소리를 모았다가 퍼지게 해 울림을 만들어내는, 일종의 음향시설이다.

헤로데이온

헤로데이온 극장은 그리스가 로마제국의 지배하에 놓여 있던 서기 161년에 지어진 극장으로 전쟁 등으로 완전히 폐허가 된 것을 1951년에 복원한 재건축물이다. 철저한 고증에 의해 과거 형태를 고스란히 복원한 만큼 당시 건축 구조를 연구하기에는 좋은데, 무엇보다 이 극장이 로마 건축임을 느낄 수 있는 부분은 반원형의 오르케스트라뿐 아니라 관중석에서 내려다본 정면, 즉 무대 배경이 그리스 건축에 비해 무척이나 화려하다는 점과 아치들로 장식되어 있다는 점이다. 아치형 구조는 로마인들이 자랑해 마지않는 자신들의 발명품이었다. 이 극장은 로마의 부유한 귀족이자 관료인 헤로데스 아티쿠스(Herodes Atticus, 101~177)가 자신의 아내 레기나와 사별한 뒤, 그녀를 기리기 위해 아테네에 지어 기증한 것으로 '헤로데이온' 또는 '아티쿠스 극장'이라고도 부른다.

헤로데스의 아버지 줄리우스는 이사한 집 마당에서 엄청난 규모의 보물을 발견했는데, 입 싹 닦고 혼자 써버리지 않고 성실하게 황제에게 보고를 했다. 이에 황제는 그의 정직함을 크게 칭찬하며, 보물을 줄리우스가 마음대로 사용하게 하였다. 성실한 줄리우스는 이 보물들을 풀어 공공건물 건축에 후원하곤 했다.

이 극장은 오늘날에도 세계 유명 뮤지션들의 공연이 이루어지고 있고, 매년 여름 아테네 페스티벌을 개최해 세계적 예술가들이 선망하는 공연 장소로 자리를 잡았다

아레오파고스

아레오파고스
여신들의 이유 있는 몰표

기원전 800년경, 그리스의 여러 폴리스가 왕정체제를 벗어나 귀족정으로 옮아간다. 아테네 역시 귀족들이 중심이 되는 귀족정치 시대를 열었는데, 귀족들 중 '아르콘(Archōn, 집정관 정도로 번역할 수 있다)'이라고 하는 행정관을 선출하여 도시를 통치하도록 하였다. 아르콘은 처음엔 종신직이었다가, 10년으로, 급기야 1년으로 줄어들었다. 하지만 1년 임기를 마친 아르콘들은 '아레오파고스 회'라는 모임을 만들어 도시의 일에 깊숙이 관여했다.

아레오파고스는 아크로폴리스 언덕과 아고라 사이에 위치한 작은 언덕 이름이다. 어느 날, 전쟁의 신 아레스는 이 언덕 아래, 작은 샘물가에서 자기 딸을 범하려고 하는 포세이돈의 금수저 아들을 목격했다. 분노한 아레스는 그 자리에서 포세이돈의 아들을 살해했다. 이에 포세이돈은 이의를 제기하였다. 올림포스의 신들은 사건이 일어났던 그 언덕 아래서 재판을 했고, 12주신들 중 여신들이 몰표를 던져 아레스의 부성 넘치는 정당방위를 인정하게 되었다. 이후부터 언덕은 아레오파고스, 즉 '아레스Ares의 언덕Pagos'이라 불리게 되었고, 이 이름을 딴 귀족들의 모임 '아레오파고스'는 오늘날의 사법기관처럼 법률 일체를 감시 감독하고, 범법자나 범법행위에 대한 처벌권을 가지고 있었으며 폴리스의 주요한 일들에 대해 논하고 또 결정할 권리까지 있었다. 현재 그리스 대법원의 이름도 아레오파고스이다.

아레오파고스 언덕으로 올라가는 입구에 새겨진 사도행전 구절

신화에서 종교로

아레오파고스는 성경에도 소개된 곳으로 유명하다. 사도행전에는 사도 바울이 아레오파고스에서 설교하는 장면이 소개되어 있는데, 이를 기리기 위해 이곳 언덕 남쪽에 그 구절을 새겨 놓았다.

바울은 아레오파고 법정에 서서 이렇게 연설하였다.
"아테네 시민 여러분, 내가 보기에 여러분은 여러 모로 강한 신앙심을 가지고 계십니다. 내가 아테네 시를 돌아다니며 여러분이 예배하는 곳을 살펴보았더니 '알지 못하는 신에게'라고 새겨진 제단까지 있었습니다. (…) 그분은 하늘과 땅의 주인이시므로 사람이 만든 신전에서는 살지 않으십니다. (…)"
죽은 자가 다시 살아난다는 말을 듣고 바울을 비웃는 사람들이 있었는가 하면 훗날 다시 그 이야기를 듣겠다는 사람들도 있었다. 바울이 법정에서 나오자 몇몇 사람이 바울 편이 되어 예수를 믿게 되었다. 그 중에는 아레오파고 법정의 판사인 디오니시오를 비롯하여 다마리스라는 여자와 그 밖에도 몇 사람이 더 있었다.

사도행전 17장 22절부터 34절

사도행전의 이 구절들은 그리스라는 신화의 땅에 기독교 종교의 입지를 견고히 세운 바울의 피끓는 설교 내용이다. 왕정에서 민주정으로, 한편으로는 다신교에서 유일신으로 가는 길목 같은 곳이 바로 아레오파고스로, 이 언덕은 하늘 아래 모두가 평등하다는 진리의 정상을 향한 여정인 셈이다.

프닉스 연단의 모습

프닉스

숨막히는

지금은 그야말로 터 고르기만 10여 년을 하다 내버려둔 빈 공터 같은 프닉스Pnyx는 클레이스테네스(Cleisthenes, 기원전 570년경~기원전 508년경)가 민주제로의 개혁을 실시한 다음 해인 기원전 507년부터 민회가 열리던 곳이었다. 아테네 하면 파르테논은 모르더라도 '민주주의'는 떠올린다는 점에서 아테네를 가장 아테네스럽게 만든 곳이라 할 수 있다. 프닉스는 사람이 너무 많이 몰려들어 꽉 차는 바람에 '숨막히는(프닉스)'곳이었다.

아테네에서는 외국인과 여자, 노예가 아닌 자유인 성인 남자(20세 이상)는 이 민회에 참석, 중요한 사안에 대해 투표할 권리가 있었다. 1년에 약 40차례, 말하자면 열흘에 한 번 꼴로 열리는 이 민회는 처음에는 아고라에서 열리다 기원전 6세기경부터는 주로 이곳 프닉스에서 열렸다. 기원전 5세기 후반에는 적게는 6천 명에서 많게는 무려 1만 3천 명을 수용하는 반원형의 목조 건물이 만들어지기도 했지만, 기원전 1세기부터 디오니소스 극장에서 민회를 개최하면서부터 쇠락의 길을 걷게 되었다.

프닉스에서 본 아고라

밖으로 부르다

민회를 뜻하는 에클레시아는 'ek(밖으로)'와 'caleo(부르다)'의 두 단어가 합쳐진 말로, 주요한 일을 결정하기 위해 부름 받은 자들의 모임을 뜻한다. 전쟁을 할 것인가 말 것인가 등 급박한 사건이 생기면 부정기적으로 민회를 개최하여 결정하곤 했다. 그러다 기원전 594년 솔론의 개혁 이후, 민회는 정기적으로 개최되었다. 민주제가 가장 절정에 달했던 페리클레스(Perikles, 기원전 495년경~기원전 429) 시대에는 민회 참석자 수가 5천 명을 넘었다 한다. 참가자 중 대다수를 차지하는 농촌 거주민들이 민회를 위해 먼 길을 돌고 돌아 프닉스에 몰려드는 장면은 생각만 해도 벅차다. 이후 펠로폰네소스 전쟁이 발발하고, 마침내 패배한 뒤, 시민들의 삶이 궁핍해지면서 민회 참석률은 절대적으로 저조해진다. 그 때문에 민회 참석자에게 수당을 주기 시작했고, 날이 갈수록 그 액수가 커져갔다. 어쩌면 우리나라도 언젠가는 투표소 앞에서 참석비를 챙길 날이 올지도 모르겠다.

아레오파고스에서 내려다 본 아고라의 일부

아고라, 체험 삶의 현장

아테네를 비롯한 그리스 대부분의 폴리스에서는 '가장 높은 곳', 즉 '아크로폴리스'를 신에게 내주고, 그 아래 낮은 평지의 중심부에 '아고라'를 두었다. 아고라는 그리스어로 '물건을 산다(ἀγοράζω, agorázō)'라거나 '대중 앞에서 이야기하다(ἀγορεύω, agoreúō)' 등의 말과 관련이 있는데, 거칠게 말하자면 '만남의 장소'로 상업적 혹은 정치적 목적의 모임까지 두루 가능한 곳이라 볼 수 있다. 아고라에는 각종 상점들과 함께 소규모 작업이 가능한 공방이 있고 한 켠에는 신전이 있어 제사를 지내고, 장례를 치를 수도 있었다. 게다가 시민들이 모여 회의와 토론이 가능했고, 때론 재판과 공개적인 형 집행 장소로도 이용되었다. 시민생활을 위한 다양한 공공건물이 들어선 아고라는 그야말로 그 도시 사람들의 '체험, 삶의 현장!'과도 같은 공간으로, 신들의 공간인 아크로폴리스와는 대비되는 곳이었다.

아테네의 아고라는 기원전 6세기부터 조성되었다가 기원전 480년경, 페르시아에 의해 크게 파괴되었으나 다시 재건되었고, 게르만 족의 침입으로 다시 폐허가 되었더랬다. 그러다 1930년대, 미국 고고학회가 거금을 투척하여 발굴해내었고, 일부는 재건되기도 하였다.

로랑 드 라 이르
〈어머니 아이트라의 도움으로 칼과 신발을 찾아내는 테세우스〉
1635~1636년경, 141×118.5cm, 캔버스에 유채, 부다페스트 미술관

헤파이스토스 신전
아버지가 둘인 테세우스

아테네의 왕 아이게우스는 아내가 둘이나 있었지만 아이가 없었다. 그러다 델피에서 신탁을 받고 아테네 바다 건너편, 펠로폰네소스 반도 남동쪽에 있는 트로이젠으로 가서 아이트라공주와 하룻밤을 함께 하게 된다. 그런데 아테나 여신은 아이트라로 하여금 그날 밤에 포세이돈과도 동침을 하게 하였다. 말도 안되는 소리지만, 원래 신화는 말이 안되는 것이 특징이다. 이 황당한 일로 태어난 아이가 바로 테세우스이며 그는 졸지에 아버지를 둘씩이나 두게 되었다. 아이게우스는 트로이젠을 떠나면서 아이트라에게 칼과 신발을 징표로 남겼고, 훗날 테세우스는 그 징표들을 들고 아테네에 있는 아버지 아이게우스를 찾았다. 마침 아테네는 크레타의 미노스 왕에게 9년마다 소년과 소녀를 각각 7명씩 제물로 바쳐야 했다. 미노스 왕은 그들을 얼굴은 황소이고 몸은 인간인 괴물 미노타우로스에게 주었다. 괴물은 그 누구도 빠져나올 수 없게 설계된 미로 안에서 살고 있었다.

에게 해의 바닷가를 산책하는 연인들

아이게우스, 에게 해

크레타로 입성한 용감한 테세우스는 괴물을 무찌르기로 결심하는데, 그에게 마음을 홀딱 빼앗긴 미노스 왕의 딸, 아리아드네가 그를 돕기를 자처한다. 총명한 공주 아리아드네는 긴 실을 마련해 자신이 한쪽을 잡고, 테세우스가 반대쪽을 잡은 채 미로로 들어가게 했다. 테세우스는 괴물을 무찌른 뒤, 끈에 의지해 무사히 미로를 빠져나올 수 있었다. 테세우스의 승리로 아테네는 소년 소녀들을 더 이상 억울하게 공물로 바칠 이유가 없어졌다. 일을 무사히 마친 그는 아폴론 신의 탄생지인 델로스 섬으로 여행을 갔다가 아테네로 돌아가기로 했다. 그런데 그만, 아테네로 다시 살아 돌아오게 된다면 출발할 때 달았던 검은 돛을 떼고 오라는 아버지 아이게우스의 당부를 잊어버렸다. 아들의 무사귀환을 오매불망 기다리던 아이게우스 왕은 멀리 아들이 떠날 때 탔던 배에 여전히 검은 돛이 달린 걸 확인하고 크게 낙심, 바다로 몸을 던져 목숨을 끊어버렸다. 그때부터 그 바다는 아이게우스의 이름을 따서 에게 해라고 부르게 되었다.

헤파이스토스 신전(테세이온), 기원전 449~기원전 444년경
13.72m×31.77m

테세이온

대장장이의 신이자, 아테나의 허벅지에 흘린 정액으로 에리크토니오스를 낳게 한 헤파이스토스를 기리는 이 신전은 아테네에 남아 있는 여러 신전들 중 가장 보존이 잘된 편이다. 신전에는 헤파이스토스를 비롯하여 그 에리크토니오스의 탄생장면을 그린 조각도 군데군데 새겨져 있었지만, 테세우스와 관련된 이야기(p.189 참조)가 곳곳에 등장하고, 나아가 테세우스가 가장 존경하고 닮고 싶어했던 영웅 헤라클레스의 이야기까지 새겨져 있다. 플루타르크의 『영웅전』에 의하면 테세우스는 당시 아티카Attica로 불리던 지역의 여러 마을을 통합해서 도시국가를 만든 뒤, 이곳을 '아테나이Athenai'라 부르기 시작했다고 한다. 그는 신화와 역사를 넘나드는 그리스 영웅들 중 드물게 아테네 출신이라는 점에서 아테네인들의 사랑을 받았다. 특히 페르시아 전쟁 후 테세우스에 대한 사랑이 폭발했는데, 마라톤 전투 때 많은 병사들과 함께 페르시아군에 맞서 싸우는 테세우스를 보고 힘을 얻었다는 전설 때문이다. 후세 사람들은 이곳을 헤파이스토스의 신전이 아닌, 영웅 테세우스를 모시는 곳으로 믿어 한동안 '테세이온Theseion'이라 부르기도 했다. 하지만 훗날 이 신전 부근에 로마 시대까지만 해도 철과 청동 등을 이용해 물건을 만드는 작업장이 가득했다는 사실이 밝혀지면서 대장장이의 신 헤파이스토스의 신전으로 판명되었다.

위 헤파이스토스 신전

아래 도나텔로, 〈성 조지〉, 1416, 대리석, 214cm
피렌체 바르젤로 국립미술관

피렌체의 오르산미켈레 성당 외벽에는 길드들이 기부한 조각상이 벽감 안에 전시되어 있다. 물론 진품은 바르젤로 국립미술관으로 옮겨져 보관중이다. 도나텔로가 만든 〈성 조지〉상은, 무기 제조업에 종사하는 이들이 만든 길드에서 기증한 것이다.

성 조지 이야기

리비아 인근 한 작은 나라에 무서운 용이 나타나 마을을 약탈하곤 했는데, 인간 제물을 바치면 곧 조용해졌다. 왕은 젊은이들 중에서 제비뽑기를 해 산제물로 바쳤는데, 급기야 자신의 외동딸까지 바쳐야 할 지경에 이르렀다. 이윽고 용이 막 제물로 바쳐진 공주를 삼키려는 순간, 카파도키아에서 온 젊은 기독교인인 기사 조지(게오르기우스)가 긴 창으로 일격에 용을 찔러 제압했다. 이런 무훈을 세웠음에도 불구하고 조지는 기독교를 탄압하던 로마 황제 디오클레티아누스(Gaius aurelius Valerius Diocletianus, 재위 284~305)의 명에 의해 체포되어 참수 당했고 훗날 성인으로 추대되었다. 그는 주로 기사들의 수호 성인으로, 또 무기 판매와 관련 있는 자들이 만든 길드(일종의 조합)를 대표하는 성인으로 섬겨졌다. 헤파이스토스를 모시던 이 신전은 14세기로 접어들면서 그리스의 수호성인이었던 성 조지를 위한 기독교 교회로 용도가 바뀐다. 무기를 뚝딱 뚝딱 만들어내던 대장장이들의 신을 모시던 신전이니만큼 무기상인들의 수호성인인 성 조지를 위한 교회로의 용도변경은 충분히 개연성이 있어 보인다.

위 　아탈로스 스토아
아래 　아탈로스 2세 초상 조각

아탈로스 스토아

페르가몬과 록펠러

현대식 붉은 지붕의 〈아탈로스 스토아〉는 기원전 2세기에 소아시아의 페르가몬의 왕 아탈로스 2세(Attalus II Philadelphus, 기원전 220~기원전 138)가 아테네로 유학 와 철학자 카르네아데스(Karneadēs, 기원전 214년경~기원전 129년경) 아래서 공부한 뒤 돌아가면서 감사의 뜻으로 선사한 건물이다. 건물은 서기 267년, 게르만 족의 하나로 추정되는 헤룰리Heruli의 침입으로 완전히 파괴되었으나, 1950년대 미국의 석유 재벌 록펠러 가문이 천문학적인 후원금을 투척하여 새롭게 복원하였다. 원래의 건물과 같은 느낌을 주기 위해 근처 피레우스와 펜텔리 산의 채석장에서 직접 캐온 돌을 사용하는 등 최대한의 노력을 기울이긴 했지만, 폐허나 다름없어 보이는 주변 건물들에 비해 너무 새것 같아 이질감을 주기도 한다. 2천여 년 이상 묵은 세월의 때를 새겨넣을 수 없었던 것이다. 스토아(주랑)는 기둥들이 나열한 복도를 가진 건축물을 의미하는데, 이 기둥들을 중심으로 한쪽은 외부 광장으로, 다른 한쪽은 가게들이 줄을 잇는 상업용 건물로 이루어져 있다. 아탈로스 스토아는 2층으로 구성되어, 116m 길이의 한 층에 21개씩 총 42개의 방이 있으며 현재 주로 아고라에서 출토된 유물들을 전시하는 박물관으로 사용되고 있다. 스토아는 아고라의 테두리에 지어져서 아고라의 경계를 만들기도 했다. 따라서 하나의 아고라에도 스토아가 몇 개씩 들어설 수 있었다. 스토아학파는 이곳 스토아를 거닐면서 토론을 일삼던 모습에서 비롯된 이름이다.

도편추방제 이야기

아테네인들은 민회를 열어 그해에 '도편추방'을 실시할 것인가 말 것인가를 의논했다. 의견이 실시하는 쪽으로 모아지면, 아고라 한 구석에 투표소가 열렸다. 시민들은 나라에 해를 끼칠 수 있는 이의 이름을 오스트라콘이라고 하는 깨진 도자기 조각(즉 도편, ostraca)에 적어 비밀투표를 했다. 아르콘들은 특정인의 이름이 적힌 도자기 조각이 6천 개를 넘으면 그에 대한 추방을 선포했다. 추방명령을 받은 이는 열흘 안에 신변 정리를 끝내고 폴리스의 국경을 넘어야 했다. 한 번 가면 10년이었다. 훗날 너무 가혹하다는 평가와 함께 5년으로 줄어들긴 했지만, 중간에 몰래 들어오기라도 하면 사형이었다.

이 제도는 클레이스테네스(Cleisthenes, 기원전 570년경~기원전 508년경)에 의해 만들어졌지만, 실제로는 제도가 만들어진 뒤 20여 년이 지난 기원전 487년에야 처음 시행되었다. 도편추방제는 아테네 민주제를 지키기 위한 최고의 의지를 보여준다는 점에서는 귀감이 되지만, 그만큼 민주주의의 허점을 보여주는 제도이기도 하였다.

철학자 플루타르코스(Plutarchos, 46년경~120년경)는 도편추방제와 관련하여 아리스티데스(Aristides, 기원전 530년경~기원전 468년경)의 일화를 소개하고 있다. 너무나 반듯한 사람이어서 '정의로운 사람'이라는 별명까지 가지고 있던 아리스티데스는 도편추방의 투표일에 한 시골 출신 문맹자로부터 뜻밖에도 도자기 조각에 자신의 이름, '아리스티데스'를 써달라는 부탁을 받게 되었다. 아리

Note

스티데스는 그의 부탁을 들어주면서 신분을 숨긴 채, 왜 아리스티데스를 추방하고 싶어하는지를 물었다. 이에 그는 아리스티데스가 누군지도 정확히 모르고, 게다가 자기에게 나쁜 짓을 한 적도 없지만, 단지 사람들이 하도 아리스티데스가 '정의로운 사람'이라고 말하는 것이 지겨워서 그를 쫓아내고 싶었다는 대답을 했다. 실제로 아리스티데스는 기원전 482년에 아테네에서 추방되었다가 페르시아 군대에 맞서 싸우기 위해 2년 만에 다시 돌아왔다. 도편추방제는 기원전 417년 이후에는 시행되지 않았다.

위 버스 차창으로 본 아테네 대학
아래 아테네 시내 모습

위　아테네 시내 모습
아래　그리스 국립 고고학미술관

사람을 위한 땅

Aegina

4

아이기나

아테네 피레우스 항구

아이기나 섬

아이기나 섬은 아테네 피레우스 항에서 30km 남짓 떨어져 수도에서 그다지 멀지 않은 거리에 위치한 섬이라 할 수 있다. 작은 섬이지만 아테네를 포함한 아티카 지역 여러 곳으로, 또 에게 해를 통해 바다 저 너머로 나가기도 쉽고 펠로폰네소스의 주요 도시로도 진출하기 좋은 해상교통의 요지로, 아테네가 페르시아 전쟁에서 승리해 그리스에서의 주도권을 완전히 쟁취하기 전까지 가장 강력한 폴리스로 군림하던 곳이다.

강의 신 아소포스에게는 20여 명의 딸이 있었다.(p.209 참조) 신화에 나오는 주연급 딸들은 중간이 없어서 대부분 '최고 미녀 아니면 괴물'인 경우가 많은데, 그중 아이기나라는 이름의 딸이 짐작대로 가장 아름다웠다. 아름다운 여자를 결코 그냥 내버려둘 리가 없는 제우스는 독수리로 변장해 아이기나를 납치, 오이노네 섬으로 데려갔다. 둘의 사랑이 달아 오르던 오이노네 섬이 바로 아이기나라는 이름으로 바뀌었는데, 둘 사이에서 태어난 아이아코스가 아이기나의 왕이 된다.

항구에서 배를 기다리는 사람들

아이기나 항구

아이기나의 은화(12.30g), 기원전 550~기원전 530/525

개미인간

아이아코스가 아이기나 섬을 다스리던 동안 헤라의 질투심은 폭발한다. 그녀는 섬 전체에 전염병이 돌게 했다. 인구가 줄어들어 아무 일도 진행되지 않을 정도로 사람들이 죽어나가자 급한 마음에 아이아코스가 제우스에게 간청했다. 열 여자 마다 않는 다분히 19금급 제우스 치고, 해결방법은 디즈니 영화만큼 깜찍하다. 그는 섬 안에 있는 모든 개미를 사람으로 만들어버렸다. 이들 개미인간들을 '미르미도네스(Myrmidones, 그리스어로 개미는 '미르멕스[myrmex]')'라고 부른다.

이 개미인간의 후손들은 아킬레스를 좇아 트로이 전쟁에도 참전했고, 지리적 환경을 잘 이용하여 상업에서 크게 두각을 나타내기도 했다. 기원전 650년경, 그리스에서 최초로 동전을 주조했는데, 그만큼 경제 활동이 활발했다는 의미로 볼 수 있다. 하지만 16세기, 터키와 베네치아의 전쟁 중에 해적의 침입을 받아 남자들은 몰살당하고 6천여 명의 여성과 아이들은 노예로 팔려가는 수모를 받기도 한다. 훗날 이들은 1892년, 그리스가 공화국으로 바뀐 이래, 또 한 번 최초로 동전을 주조한 것으로도 유명하다.

성 니콜라스 교회

성 니콜라스 교회

밤에 몰래 아이들에게 선물을 가져다주는 산타클로스로 더 잘 알려진 성 니콜라스는 3세기 후반, 터키 인근에서 태어났으며 항구도시인 미라의 주교로 활동했다. 그는 폭풍을 만나 허둥대는 배를 기도의 힘으로 구해내는 기적을 베풀었는데, 그로 인해 뱃사람들의 수호 성인으로 모셔졌다. 항구 바로 앞, 자그마하고 앙증맞은 성 니콜라스 교회는 항해를 떠나는 사람들의 무사를 기원하는 공간이라 할 수 있다. 부유한 집에서 태어난 성 니콜라스는 상속받은 막대한 유산을 모두 가난한 자들을 위해 사용하였는데, 돈이 없어 창녀로 팔려갈 위기에 처한 세 자매를 위해 한밤중에 몰래 집안에 황금을 던져 넣는 선행을 한 이력도 있다.

카잔차키스는 이 집에서 홀로 머물며 소설 『그리스인 조르바』를 완성했다.

그리스인 조르바

영혼에 골을 남긴 남자

아이기나 섬에는 카잔차키스(Nikos Kazantzakis, 1883~1957)가 10여 년간 들락거리던 집이 남아 있어 그를 흠모하는 이들의 발길이 끊이지 않는다. 정작 자신은 기독교적 신념이 강했다고 하지만, 그리스도에 대한 해석이 남달랐던 그는 공산주의에 경도된 무신론자로 여겨져 그리스 정부와 정교회에서 거의 내놓은 자식 취급을 받았다.

카잔차키스가 아이기나에 본격적인 발걸음을 내디딘 것은 1927년, 44세의 나이였다. 당시 이곳에서 홀로 머물며 집필활동한 것을 계기로 수시로 건너와 마음을 다잡으며 글을 쓰곤 했다. 틈만 나면 그리스 국내는 물론, 유럽 각지를 떠돌아다니던 그는 스페인에서의 체류 계획도 세웠던 것으로 알려져 있는데, 경제적 문제로 포기하고 결국 아이기나 섬으로 돌아왔다. 1936년, 그는 현재의 집을 장만했고, 그리스가 독일 지배 하에 있던 세계대전 기간에는 거의 칩거하다시피 이 집에 머물면서 자신에게 세계적 명성을 안겨준 『그리스인 조르바』를 완성하였다. 1917년에는 친구 알렉시스 조르바와 함께 펠로폰네소스에서 갈탄 광산업을 시작했지만, 곧 망해버리고 말았는데, 그 경험들은 『그리스인 조르바』라는 소설 집필에 밑거름이 되었다.

위 카잔차키스의 집 앞으로 펼쳐진 에게 해
아래 카잔차 바위
 "이곳에 니코스 카잔차키스가 살았다"

바다 쪽으로 열린 창

카잔차키스는 『그리스인 조르바』 말미에 화자이자 작가 자신이 기도 한 '나'의 입을 통해 집필과정과 조르바의 죽음을 간단히 언급한다.

"어느 날 밤, 나는 아이기나 섬의 바닷가 내 집에 홀로 앉아 있었다. 나는 행복했다. 내 창문은 바다 쪽으로 열려 있어서 달빛이 흘러 들어왔고 바다는 느긋하게 한숨을 쉬고 있었다"

그리고 그날 밤, '나'는 조르바의 꿈을 꾸고, 그가 나와 함께 하는 동안 "내 마음에다 뿌렸던 말, 절규, 몸짓, 눈물, 춤을 모아 보존하고 싶다는 욕망을 주체할 수" 없게 되었다. 주저하던 '나'는 조르바에 대한 연대기처럼 글을 마치게 되고, 탈고한 원고를 무릎 위에 얹은 채로 "첫날처럼 테라스에 앉아 늦은 오후의 바다를" 바라보게 된다. 그리곤 한 소녀가 가져다 준 편지에서 조르바가 "침대에서 뛰어내려 창문가로 간 뒤, 창틀을 거머쥐고 먼 산을 바라보다 눈을 크게 뜨고 웃다가 말처럼 울면서, 창틀에 손톱을 박고 서 있을 동안" 죽었다는 편지를 받게 된다.

『그리스인 조르바』, 이윤기 옮김, 열린책들, "..." 의 인용 문장을 바탕으로 재구성함.

소설 속에 묘사된 것처럼, 아이기나의 '나'의 집은 비교적 폭이 좁은 길을 하나 사이에 두고 바다와 면해 있으며, 창으로 밤이면 달빛이 스며들 듯하고, 낮이면 파란 바닷 물감이 스며들 듯하다.

아파이아 신전, 기원전 490년경 2번째 재건축, 15.5×30.5m

아파이아 신전
보이지 않는 자

아이기나 섬에서만 생산되는 석회암으로 세워진 신전은 현재 25개의 기둥만 남아있지만 원래 32개의 도리아식 기둥으로 건축되었다. 로마제국 시절, 네로 황제(Nero, 재위 54~68)가 섬을 방문했을 때 거처로 삼기도 했는데 신전은 오로지 허락받은 사제들만 들어갈 수 있었고, 일반인들은 신전 밖에서 모든 행사를 치러내던 고대 그리스인들 입장에서는 불경스럽기 짝이 없는 노릇이었을 것이다.

아테네의 파르테논, 수니온 곶의 포세이돈 신전과 함께 그리스 3대 신전이라는 영광스러운 자리를 차지하고 있지만, 정작 신전의 주인 '아파이아' 여신은 그리 유명하지 않다.

크레타 섬에는 제우스가 '카르메'라는 여인과의 사이에서 낳은 '브리토마르티스'라는 여인이 있었다. 크레타의 왕 미노스는 그야말로 죽자고 그녀를 따라다녔지만, 그녀는 한사코 그를 거부했다. 그러던 어느 날, 그의 거친 손끝에 거의 잡힐 듯한 위기 상황에서 그녀는 내 차라리! 하는 심정으로 절벽으로 뛰어내리기까지 했다. 다행히 그녀는 한 어부가 쳐놓은 그물에 걸려 목숨을 구했다. 순결을 향한 그녀의 집념을 높이 산 처녀 신 아르테미스(p.337 참조)는 그녀를 영원히 죽지 않는 여신으로 만들어주었다. 그 후부터 그녀는 '보이지 않는 자'라는 뜻의 '아파이아'로 불리게 되었다.

위 〈엎드려 죽어가는 병사〉, 아이기나 아파이아 신전 동쪽 페디먼트
기원전 480년경, 대리석, 높이 64cm, 뮌헨 글립토테크 미술관
아래 아이파이아 신전의 원형 모형

죽어가는 병사

기원전 2000년경, 아이기나 섬이 크레타 문명의 지배를 받으면서 아파이아 숭배가 섬에 이식되었고 이는 신전 건축으로 이어졌다. 아파이아 신전의 주요 장식 조각이라 할 수 있는 페디먼트 부분은 1811년에 발굴 되었지만, 당시 독일 바이에른의 황태자였던 루드비히가 사들였으며, 현재는 신전의 원형을 추측해 완성한 모형과 함께 뮌헨의 글립토테크 미술관에 전시되어 있다. 신전 조각의 압권은 동쪽 페디먼트의 헤라클레스가 라오메돈Laomedon 왕을 상대로 하는 전쟁 장면을 담은 것으로, 방패에 기댄 채 〈죽어가는 병사〉의 강인하면서도 절제된 아름다움과 비애감이 돋보인다.

아기오스 넥타리오스 수도원

그리스어로 '아기오스Agios'는 영어의 'Sacred'나 'Saint' 등, 성(聖)을 뜻한다. 아기오스 넥타리오스 수도원은 성 넥타리오스 수도원이라는 뜻으로, 20세기 아이기나의 성인, 넥타리오스(Saint Nectarios of Aegina, 1846~1920)의 주도하에 건축되었다. 특별히 이 수도원은 수녀님들을 위한 공간으로 부설 교회 내부에는 성 넥타리오스의 오른손이 은관에 안치된 채 전시되어 있다. 살아 생전 그가 오른손으로 병든 자를 치유하는 기적을 일으켰기 때문이다. 그리스 정교회에서는 20세기 들어 처음으로 그를 성인으로 추대했다. 수도원과 교회는 1904년부터 짓기 시작해 1910년에 완공되었다. 현재는 대대적인 보수공사중인데, 작업 과정이 느린 이유는 공사 비용 일체를 오로지 신도들의 후원금으로만 충당하고 있어서이다.

넥타리오스 수도원

아이기나 항구 인근

Cape Sounion

5

수니온 곶

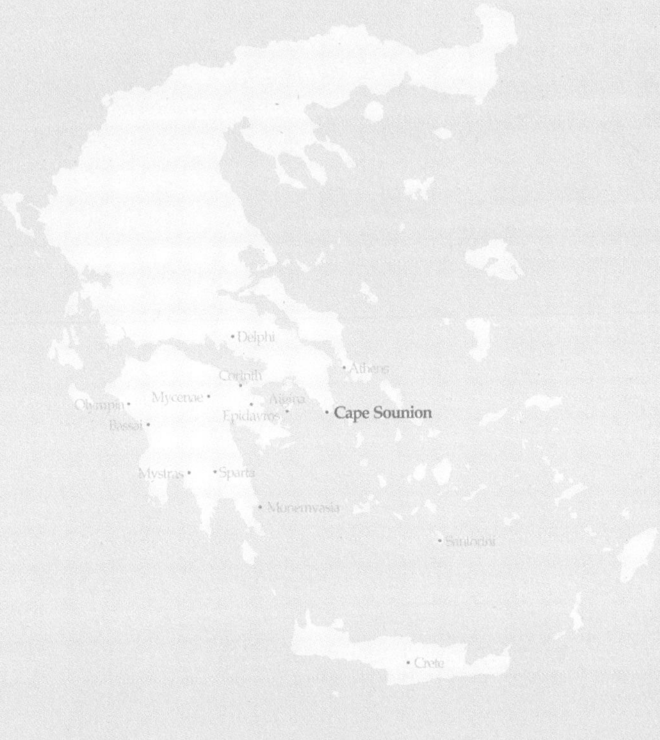
Delphi
Corinth
Athens
Olympia
Mycenae
Aigina
Epidavros
Cape Sounion
Bassai
Mystras
Sparta
Monemvasia
Santorini
Crete

달리는 도로에서 바라 본 수니온 곶의 모습

영화 페드라

영화 페드라(Phaedra, 1962)에서 의붓 어머니와의 이룰 수 없는 사랑에 좌절한 아들은 은색 에스턴 마틴을 타고 질주하며 바흐의 토카타와 푸가를 비장하게 따라 부른다. 그러다 그녀의 이름 페드라를 절규하듯 부르며 절벽 아래로 추락한다. 그날 영화속 그의 은마가 인도하던 삶에서 죽음으로의 그 길이 바로 아테네와 수니온을 잇는, 그야말로 그리스의 비경 중 하나라 해도 손색이 없는 해안 길이었다.

유럽 대륙의 남동쪽 끝이라 할 수 있는 수니온 언덕에 오르면 탁 트인 바다가 한눈에 들어온다. '파랗다'라는 형용사는 이 바다를 본 최초의 누군가가 만든 단어일지도 모른다는 생각이 든다.

1962년에 제작된 줄스 다신 감독의 그리스 영화이다. 국내에서는 1967년 〈죽어도 좋아〉라는 제목으로 개봉되었다.

프란시스코 고야, 〈아들을 잡아 먹는 크로노스〉, 1819~1823
캔버스에 회반죽, 146×83cm, 마드리드 프라도 미술관

가이아와 우라노스

태초에 저 홀로 존재했지만 모든 것을 탄생시키는 만물의 어머니이자 신들의 어머니인 가이아는 혼자 있기 심심했던지, '우라노스'라는 하늘의 신을 낳아 함께 세상을 지배했다. 이윽고 이 둘 사이에 '티탄Titan 족'이라는 자식들이 태어난다.

한편, 가이아는 우라노스가 아닌 다른 자식들과도 관계하여 눈이 하나뿐인 거인 삼 형제 키클로페스라거나, 백 개의 팔과 천 개의 다리를 가진 용 헤카톤케이레스 형제, 독사인 히드라 등등 괴물을 낳았는데, 이들의 흉측한 모습을 도저히 보고 있을 수 없던 우라노스는 그들을 가이아의 뱃속, 다른 이야기에 따르면 암흑의 지하 타르타로스에 집어넣어 버렸다. 이에 가이아는 티탄 족의 하나인 아들 크로노스로 하여금 아비 우라노스의 성기를 거세시켜 버렸고, 세상을 지배하게 되었다.

그러나 크로노스 또한 자신이 그랬던 것처럼, 아들의 손에 권위를 상실할 것이라는 불길한 예언을 듣는다. 크로노스는 아내 레아와의 사이에서 아이가 태어나자마자 먹어버리는 방법을 택했다. 레아는 겨우 막내 제우스만 빼돌릴 수 있었는데, 그 제우스가 무사히 성장해서 구토제를 구해 크로노스가 마시고 토하도록 만들었다. 크로노스가 구역질할 때마다 토해 나온 제우스의 형제들은 힘을 합쳐서 크로노스와 그 형제들, 즉 삼촌뻘인 티탄 족과 싸워 이김으로써, 세상을 지배하게 되었다.

카라바조, 〈메두사의 머리〉, 1598~1599년
나무 위에 올린 캔버스에 유채, 지름 58cm, 피렌체 우피치 미술관

말을 만든 신, 포세이돈

티탄 족들과의 싸움에서 승리한 뒤, 제우스는 하늘, 포세이돈은 바다, 하데스는 지하세계를 맡고, 지상은 공동으로 지배하기로 했다. 포세이돈에게는 자식을 승마 특기자 전형으로 대학 하나쯤 보내는 건 일도 아닐 정도로 말과 관련된 이야기가 많다. 우선, 포세이돈은 말을 창조한 신이라는 말이 있다. 또 포세이돈은 자신의 사랑을 피해 데메테르가 암말로 변하자 재빨리 숫말로 변신하여 관계를 하고서는, 바람처럼 빨리 달리고 사람처럼 말을 하는 신마 아레이온을 낳게 했다. 뿐만 아니다. 포세이돈은 아테나 여신과 아테네 시를 두고 격돌하다가 완전히 패한 뒤, 나름 소심하게 복수를 한답시고 아테나 여신의 신전에서 보란 듯이 메두사라는 여인과 사랑을 나누는 불경한 짓을 해버렸다. 화가 머리 끝까지 치민 아테나 여신은 저주를 내려 메두사의 머리칼을 뱀으로 만들어버리고 그 얼굴만 봐도 돌로 변하게 했다. 이 메두사는 훗날, 아테나 여신의 도움을 받은 페르세우스에 의해 목이 잘리는데, 그 순간, 포세이돈과의 관계에서 생긴 날개 달린 말, 페가소스를 낳았다. 처음엔 유목민족답게 그 교통수단이 되는 말과 관련된 신으로 더 추앙받던 포세이돈은 세월이 지나면서 그리스가 해양국가로 그 틀을 잡아감에 따라 바다의 신으로 숭배되었다. 삼지창을 들고 다니는 그는 지진으로 땅의 틈을 벌린 뒤, 하천이나 샘이 솟아나게 하고, 격노하면 태풍을 일으켜 바닷물을 범람시키기도 했다. 하지만 그가 황금마차를 들고 물 위를 산책하는 시간들은 바다가 그 황금빛에 물들며 잠잠해지곤 했다.

포세이돈 신전, 기원전 444년경~기원전 440, 13.47×31.12m, 수니온 곶

바이런의 낙서는 그 자체로서도 관광상품이지만, 현재는 낙서가
적힌 신전 안쪽으로는 들어갈 수 없다

포세이돈 신전

아테네인들은 자신들의 바다로 진입하는 배와 빠져나가는 배를 감시하기 위해서 이곳, 수니온에 올랐을 것이다. 그리고 그 정상에 우뚝 신전을 세워 바다의 신, 포세이돈을 불렀다. 도리아식으로 지은 포세이돈 신전은 아테네의 파르테논 신전과 거의 같은 시기에 완공되었다. 하지만, 거의 폐허가 되긴 둘 다 마찬가지여서 남쪽, 바다를 바라보는 쪽에 9개의 기둥과 북쪽 6개의 기둥만 간신히 남아 있다. 이 기둥들마저도 19세기 사람들이 남긴 낙서들로 자욱한데, 1810년 이곳을 방문한 영국의 시인 바이런도 제 이름자를 남겼다. 많은 사람들이 그의 낙서를 찾기 위해 전전긍긍하지만, 신전 안쪽 기둥에 있어 신전 내 출입이 금지된 상황에서는 볼 수가 없다

1822년, 그리스가 오스만투르크, 즉 터키를 상대로 벌인 독립전쟁에서 성공하여 마침내 터키의 지배에서 벗어났지만, 터키는 그 후로도 보복성 짙은 반격을 하곤 했다. 유럽인들은 이를 비판했고, 각국의 행동하는 양심들이 그리스 의용군에 자원했는데, 그리스에 완전히 매료된 바이런도 그중 한 사람이었다. 그는 실제 전투에도 참가했지만, 1824년, 말라리아에 걸려 자신이 그토록 사랑하는 그리스에서 숨을 거두었다.

멀리서 바라본 포세이돈 신전

다시 페드라

아이게우스는 크레타의 괴물 미노타우로스를 물리친 아들 테세우스를 기다리다 이곳에서 몸을 던졌다. 그의 처절했던 기다림을 담은 에게 해는 낮에는 파랗게 질리고, 저녁이면 붉게 피를 토한다. 영화 페드라는 무심한 성격 탓에 검은 돛을 거두고 흰 돛을 다는 것을 잊어 제 아비를 죽게 한 테세우스와 관련된 신화를 각색한 것이다.(p.141 참조)

미노타우로스를 물리친 영웅 테세우스는 제 아버지까지 배신하고, 자신을 도와준 아리아드네와 함께 아테네로 돌아가던 중 낙소스 섬에 그녀를 버리고 떠났다. 이후 그는 아마존의 여전사들을 이끄는 여왕 힙폴리테를 납치하여 아내로 삼고 아들 힙폴뤼토스Hippolytos를 낳았다. 문제는 아내와의 사별 이후이다. 테세우스는 힙폴리테가 죽자, 아리아드네의 자매 파이드라(Phaedra, '페드라'라고 발음하기도 한다)와 정략적인 이유로 결혼하게 된다. 파이드라는 남편의 극진한 사랑을 받으며 아들을 둘이나 낳았고, 바라는 모든 것을 할 수 있는 왕비로서의 안락한 삶을 살수도 있었다. 그럼에도 불구하고 그녀는 전처의 자식 힙폴뤼토스를 사랑했고, 애끓는 구애를 펼쳤다. 그러다 파이드라는 한사코 거부하는 힙폴뤼토스로부터 입은 수치심을 거둘수 없어 자결한다.

다시 테세우스

분노가 광기로 이어진 걸까? 그녀는 전처 아들 힙폴뤼토스가 자신을 범하려 했기 때문에 자살한다는 거짓 유서를 남겼다. 이성을 잃은 테세우스는 저주를 퍼부으며 힙폴뤼토스를 죽음으로 몰아넣었다. 자신의 결백함을 아무리 밝혀도 믿지 않는 아버지를 더는 설득할 수 없었던 힙폴뤼토스는 마차를 몰고 해안가를 질주하다 포세이돈이 보낸 괴물로 인해 전복한다. 테세우스가 원하는 것은 들어주기로 이미 약속한 바 있던 포세이돈이 테세우스의 아들을 향한 저주를 듣고 실행해준 것이다.

영화 〈페드라〉는 힙폴뤼토스와 파이드라가 서로 사랑하는 사이로 설정을 달리 했지만, 〈페드라〉의 감독 쥴스 다신Jules Dassin이 힙폴뤼토스가 마지막을 향해 질주하는 바닷가 길을 수니온 곶으로 가는 길로 정한 건, 이 길 끝, 땅 끝자락이 부주의함으로 아버지를 죽게 하고, 자신을 영웅의 자리에까지 올라서게 한 여인에 대한 사랑을 헌신짝처럼 버린, 그리고 아들의 결백을 귀담아 듣지 않고 성급하게 저주를 내린 테세우스의 이야기가 서린 곳이기 때문이었을 것이다.

위 포세이돈 신전
아래 수니온 곶 포세이돈 신전에서 내려다 보이는 푸르디 푸른 에게 해

Corinth

6

코린트

코린트 운하

코린트 운하는 그리스 본토와 펠로폰네소스 반도 사이의 좁은 땅을 잘라내 버린 것으로, 펠로폰네소스를 '반도'가 아닌 '섬'으로 만들고, 아드리아 해와 에게 해의 바닷물을 섞어버린 장본인이다. 162.5km에 달하는 수에즈 운하와 비교하자면, 고작 6km 남짓에 폭 역시 25m 정도에 불과하지만, 이 운하로 인해 그리스의 동과 서가 한층 가까워지고, 멀리 이탈리아 브린디시Brindisi에서 아테네까지의 거리 또한 300km 이상 단축시켜 놓았다.

관광용 운하

운하가 생기기 전, 코린트는 긴 바닷길을 빙빙 돌아가기보다 험해도 그나마 좁은 이 지협을 건너는 것이 낫다고 판단한 이들이 배를 타고 한쪽 바다 끝에 도착하면 그 배를 좁은 육로로 옮겨 반대쪽 바다로 옮겨주는 일로 제법 짭짤한 이문을 챙겼고, 수많은 이들이 몰려들면서 상업과 교통의 요충지 역할을 할 수 있었다. 이럴 바에는 아예 땅을 파내서 바닷물이 들어오게 하는 게 좋겠다는 생각은 이미 기원전 6세기, 코린트의 참주 페리안드로스(Periander, ?~기원전 587) 시대에도 있었다. 그러나 실패로 돌아갔고, 이후 로마제국 시절, 칼리굴라 황제(Caligula, 재위 37~41) 역시 성공하지 못했다. 네로 황제(Nero, 재위 54~68)는 운하 건설을 위해 전쟁 포로로 잡힌 유대인 약 6천여 명을 동원하기까지 했지만, 때마침 골 족의 침입으로 공사를 중단해야 했다. 그 시절 동원되었던 유대인들은 코린트에 남아 공동체를 이루며 살다가, 훗날 이곳을 찾아온 사도 바울을 박해하는 데 앞장서게 된다. 코린트 운하는 결국 그리스도 로마도 아닌, 프랑스 자본을 끌어들여 1893년에 완공되었다. 폭이 좁은 이 운하는 대형 화물선이 지나갈 정도는 못 되어서, 주로 관광 페리호가 드나든다.

코린트 운하

코린트 운하를 내려다 볼 수 있는 다리에도, 세계 각처에서 온 연인들이 자신들의 영원한 사랑을 기약하며 열쇠 혹은 천이나 종이에 서로의 이름을 적어 난간에 걸거나 묶어둔다.

아크로코린트

아크로코린트

운하에서 약 7km 정도를 달리면, 해발 575m 높이의 언덕에 "높은 코린트"라는 뜻의 '아크로코린트Acrocolinth' 성곽이 보인다. 코린트 사람들은 이미 오래전부터 이 높은 지역을 요새로 삼아 적의 침입을 막고자 했다. 성채는 점령하는 자들의 구미에 맞추어 파괴와 재건이 반복되면서 여러 민족의 자취가 남은 다국적 성곽으로 남아 있다. 마케도니아에 무릎을 꿇은 이래 로마제국하에 완전히 파괴되었다가, 카이사르(Julius Caesar, 기원전 100년~기원전 44)에 의해 기원전 44년 재건된 이곳은 이후 비잔티움제국, 그리고 게르만 족의 하나인 프랑크 족, 다시 비잔티움에 이어 이슬람의 오스만투르크까지, 지배자가 달라질 때마다 조금씩 그 모습이 바뀌는 바람에 지금은 산 서쪽의 출입문 3개가 각각 투르크식, 프랑크식, 비잔티움 양식으로 지어져 있다.

폐허에 가까운 코린트의 유적지 풍경

레카이온 대로

파괴된 코린트

코린트는 헤로도투스(Herodotus, 기원전 484~기원전 425)가 말한바 대로 "해륙 양면으로 시장을 제공, 바로 이 해륙 양면에서 들어오는 세금 덕분에 부강한 도시가 되었다." 그리스 도시국가 중 최초로 갤리선을 만들 정도로 해상활동이 활발했던 코린트는 교통의 요지라는 천혜의 자연 조건에다가, 도자기와 청동 그릇 수출로 경제활동이 활발해지면서 기원전 8세기에 이미 인구가 25만 명을 넘어설 정도였다. 이에 코린트는 인구 분산을 위해 아드리아 해의 여러 섬들과 이탈리아 남부해안 등에 식민지를 건설하기 시작하였다.

승승장구하던 코린트는 페르시아 전쟁에서의 승리로 패권을 장악한 아테네의 급부상으로 서서히 강자의 자리를 물려주기 시작했다. 이후 코린트는 펠로폰네소스 전쟁(기원전 431~기원전 404) 시기, 스파르타 편에 서서 아테네를 자극하기도 했다. 전쟁은 스파르타의 승리로 끝났지만, 이 소모적인 전쟁은 결국 아테네뿐 아니라 스파르타와 코린트 등 그리스 도시국가들의 진을 뽑아버렸고, 시들시들해진 몸을 추스르기도 전에 밀어 닥친 북녘 마케도니아의 마수를 막아낼 수가 없었다.

한동안 마케도니아의 손에 놓여 있던 코린트는 기원전 146년, 로마에 패하면서 현재 7개의 도리아식 기둥으로 남은 아폴론 신전 이외의 것은 거의 모조리 파괴되는 수모를 겪어야 했다.

레카이온 대로

레카이온 대로

코린트의 지리적 이점에 관심이 높았던 카이사르, 그리고 그 뒤를 잇는 로마의 초대 황제 아우구스투스(Augustus, 기원전 63~기원후 14)에 의해 도시는 다시 재건되기도 했다. 하지만 그리스의 많은 도시들이 그러하듯, 로마제국의 힘이 약해지고 게르만 족들이 내려오면서 다시 이어지는 약탈에 몸을 내주어야 했고, 급기야 4세기, 6세기, 9세기에 일어난 대지진으로 완전히 황폐해져 버렸다. 현재 조성된 '코린트' 시는 1848년의 대지진으로 완전히 무너진 고대 코린트와는 다른 곳에 지어진 것이다. 아크로 코린트에서 내려다 본 영화의 옛 코린트는 기록이나 상상이 없었다면 그냥 지나쳐도 무방한 철거된 공사 현장, 혹은 채석장처럼 보일 뿐이다.

기원전 5세기 경에 지은 레카이온 항구까지 이르는 '레카이온 대로'는 비록 지금은 흉물스레 파헤쳐져 있지만, 어마어마하게 값비싼 대리석으로 다진 것이다. 코린트의 번영과 영화가 어느 정도였는지 짐작이 가능하다.

베마
"난간"이라는 뜻의 그리스어로 아고라 한 구석에 놓여 있던 발언대였다.

베마

1세기경, 로마의 지배 시절 최고의 도시 코린트에는 사랑의 여신 아프로디테를 기리는 신전이 있었는데, 엄청난 수의 창부들이 손님을 상대하는 장면이 눈길을 끌었다. '코린트인들'이라는 말이 곧 "타락한 자"들을 의미하는 은어로까지 쓰였을 정도로 거의 음란마귀 급의 욕정도시가 훗날 '고린도(코린트) 전서'라는, 성경 속 도시로 이미지 탈바꿈을 하는 것은 서기 51년과 52년에 이곳을 방문했던 사도 바울(Paul the Apostle, 5~67년경) 덕분이라 할 수 있다.

도시의 번영이 매춘으로 인한 세수 증대와 관련할 정도로 타락한 코린트를 두고 사도 바울은 서신을 통해 대를 잇는 사치, 방종, 음란함에 대한 피끓는 경고를 담았다. 사도 바울이 이곳을 방문했을 때 정작 그를 위협한 이는 같은 신을 믿되, 예수의 재림과 부활을 믿지 못하는 유대인이었다. 그들은 사도 바울을 로마 총독 갈리오Lucius Junius Gallio Annaeanus에게 고발하기까지 했다. 그러나 갈리오는 베마에 올라 그가 어겼다는 유대인의 율법은 유대인들이 알아서 해결하라는 연설을 했다.

'베마Bema'는 "난간"이라는 뜻의 그리스어로 아테네 등 도시국가의 아고라 한구석에 놓여 있던 일종의 발언대이다. 고대 그리스 시절, 이 '베마' 위에 서서 하는 말에 대해서는 아무런 법적인 책임 질 필요가 없었기에 자신의 생각을 자유롭게 표현할 수 있었다. 하지만 로마제국 시절부터는 관료들이 대중을 상대로 연설을 하는 공간으로 쓰였다.

아폴론 신전, 기원전 540, 21.36×53.30m, 코린트

코린트 아폴론 신전

기원전 2세기경, 로마의 장수 뭄미우스Lucius Mummius는 교통의 요지로 해상 무역에서 중심이 되는 코린트를 손에 넣기 위해 침략을 감행했다. 이에 맞서 코린트는 인근 도시 국가들과 연합해 저항했지만 결국 기원전 146년에 그에게 굴복한다. 뭄미우스의 잔인함은 치를 떨 정도로, 코린트의 남자들은 거의 살육당했고, 여자와 아이들은 노예로 팔려갔다. 코린트에 있던 대부분의 건물이 파괴되었고, 돈 되겠다 싶은 귀한 것들은 모조리 약탈당해 로마로 실려 나갔다. 코린트는 더 이상 재기 불능의 상태로 무너져 버린 것이다.

기원전 6세기에 지어진 아폴론 신전은 올림피아의 헤라 신전(기원전 7세기 중엽) 이후, 아테네의 파르테논 신전(기원전 5세기 중엽, p.75 참조)과 더불어 가장 오래된 도리아식 신전이다. 뭄미우스의 도끼날을 가까스로 피해 살아남은 거의 유일하다 싶은 건축물이긴 하지만, 거의 빈사상태, 멀쩡했을 리가 없다. 하지만 코린트를 재건한 이는 약탈자였던 로마 자신이었다. 아폴론 신전은 이 도시의 아름다움과 중요성을 간파한 율리우스 카이사르와 그 뒤를 잇는 아우구스투스 황제 시절의 코린트 재건 사업 와중에 다시 지어졌다. 그러나 코린트는 그야말로 환락의 댓가로 멸망하는 소돔과 같은 도시였을까? 몇 차례 지진이 이어지면서 로마 시절 가까스로 이어놓은 뼈대가 다시 무너지길 반복했다. 아폴론 신전은 현재 7개의 기둥만 간신히 남았다. 그나마도 마치 쓰러질 듯 육중한 몸을 피곤하게 기울인 채이다.

페이레네 샘

페이레네 샘물을 두고 몇몇 다른 이야기도 전해지는데, 그중 날개가 달려 하늘을 나른다는 페가소스 말이 하늘로 오르면서 뒷발로 땅을 박차는 바람에 움푹 패이면서 생긴 샘이라는 이야기도 있다.

페이레네 샘

코린트는 우리에겐 까뮈의 글로 잘 알려진 영웅, 시시포스가 세운 나라이다. 코린트 이웃 마을에는 강의 신 아소포스가 살고 있었는데, 흑심 전문가 제우스가 그만 그 딸을 납치해 버렸다. 아비는 터질 듯한 심정으로 딸을 찾아 헤매었다. 하지만, 제우스의 행적을 고해바칠 만큼 당찬 신, 혹은 인간은 없었다. 그때 시시포스가 나서 물 부족이 문제였던 코린트에 샘물 하나를 만들어주는 조건으로 이들의 행방을 알려 주었다. 페이레네 샘은 그렇게 생겼다.

고위직 비리는 무조건 '봐도 모른척'이 답인 건 신화의 세계에서도 마찬가지였다. 분노한 제우스는 죽음의 신 타나토스를 보내 시시포스를 저승으로 보내버렸다. 하지만, 이 모든 것을 예상했던 시시포스는 저승으로 끌려가기 직전, 아내에게 절대로 자신의 장례를 치르지 말라고 당부하였다. 지하 세계를 다스리는 하데스는 지상에서 죽은 시시포스의 장례가 치러지지 않은 것을 기이하게 여겼고, 이 때 시시포스는 자신이 아내의 부주의함을 고쳐놓고 돌아오겠노라 약속한 뒤 지상으로 빠져나와 돌아가지 않았다. 이 잔머리의 대가, 시시포스에게 격노한 제우스는 그에게 올려 놓아 봐야 다시 굴러 떨어지는 바위를 끝도 없이 반복해 올리는 형벌을 내렸다.

글라우케 샘

글라우케 샘

에우리피데스(Euripidē, 기원전 484년경~기원전 406년경)의 『메데이아』에 의하면 테살리아의 이아손은 아버지의 빼앗긴 왕권을 삼촌 펠리아스로부터 되찾기 위해 그가 제시한 과업을 완수하기로 한다. 우선 이아손은 적국 콜키스에 들어가 그 나라의 보물인 황금 양피를 가져와야 했다. 그런데 콜키스의 공주 메데이아는 이아손에게 홀딱 반하게 된다. 메데이아는 이아손이 황금양피를 손에 넣을 수 있도록 적극적으로 도왔을 뿐 아니라 함께 도망치면서 자신들을 추격하는 남동생까지 죽이는 무모한 짓을 서슴지 않았다. 님도 보고 뽕도 딴 이아손은 황금양피를 들고 돌아왔지만, 삼촌 펠리아스는 이미 아버지를 죽인 후였고, 그는 삼촌을 살해하고 코린트로 망명한다.

그런데, 코린트의 왕은 이아손을 자신의 딸 글라우케의 참한 남편감으로 점찍었다. 대체로 자기가 한 일은 없고, 대부분 메데이아의 도움으로 해결해낸 의존의 왕자 이아손은 '왕의 사위'라는 좋은 직함에 혹해 이미 메데이아와의 사이에 아이가 둘이나 되면서도 글라우케와의 결혼을 강행한다. 메데이아는 독이 묻은 옷을 글라우케에게 선물로 보내, 입는 순간 온몸이 타는 듯한 고통을 느끼게 하였다. 글라우케는 신들에게 뜨거운 자신의 몸을 차라리 물로 변하게 해달라고 애원했고, 이에 신들이 그녀의 소원을 들어주었다. 그리스어로 "푸른 물"을 의미하는 글라우케 샘은 이렇게 탄생했다. 메데이아는 이아손과의 사이에서 태어난 두 아이마저 살해 했는데 이로 인해 그녀의 '당연한' 질투는 '과한' 복수가 되어버렸다.

Mycenae

7

미케네

- Delphi
- Corinth
- Athens
- Olympia
- **Mycenae**
- Argos
- Epidavros
- Cape Sounion
- Bassai
- Mystras
- Sparta
- Monemvasia
- Santorini
- Crete

미케네 유적지로 오르는 길

맑고 청량한 바다가 펼쳐진 이곳, 마라토니시(Marathonisi, 현재 행정명으로 크라나에[Cranae])는 스파르타의 왕비 헬레네와 트로이의 파리스 왕자가 첫날밤을 보낸 곳으로 알려져 있다.

루벤스, 〈파리스의 선택〉, 1632~1635, 캔버스에 유채, 145×194cm
런던 내셔널 갤러리

제일 왼쪽의 아테나 여신 뒤로 메두사의 얼굴이 새겨진 방패가 놓여 있다. 그림 속 오른쪽 여인 헤라는 제우스를 감시하라고 보낸 눈이 100개 달린 아르고스가 죽자, 그의 눈알을 떼서 자신이 아끼던 공작의 깃털을 장식했다. 그녀 뒤로 공작새의 깃털이 보인다. 가운데에 있는 아프로디테의 등 뒤로 그녀의 아들 에로스가 보인다.

트로이 전쟁

호메로스의 『일리아스』는 현재 터키 서쪽 해안에 위치한 트로이의 또 다른 이름 '일리오스'의 이야기를 의미하는데, 그리스와 트로이 사이에 일어난 10여 년간의 전쟁 이야기 중, 마지막 해에 일어난 사건들을 다루고 있다.

트로이의 왕자 파리스는 어느 날 길을 가다 하늘에서 뚝 떨어진 사과 하나와 '가장 아름다운 여인에게'라는 글이 적혀 있는 쪽지를 손에 쥐게 되고, 마침 세 여신이 등장하여 그의 선택을 기다린다. 사건의 경위는 이렇다. 제우스는 자신이 사랑하던 바다의 요정 테티스와 펠레우스의 결혼식을 성대하게 치러주면서 늘 안 좋은 일만 만드는 불화의 여신을 초대하지 않았다. 하지만 '불화'라는 것은 초대를 해서 오는 게 아니다. 불청객으로 나타난 불화의 여신은 사과 하나를 분위기 무르익은 식탁 위에 던지며, 가장 아름다운 여신에게 주라는 단서를 달았고, 누굴 골라도 엄청난 후폭풍이 있을 것을 뻔히 아는 신들이 그 사과를 지상으로 던져버렸던 것이다.

파리스는 자신을 선택하면 세상에서 가장 아름다운 여자를 선물하겠노라는 아프로디테를 택함으로써, 헤라와 아테나에게 의문의 1패를 선사한다. 하필 아프로디테가 지목한 '세상에서 가장 아름다운 여자'는 스파르타의 왕비 헬레네였고, 첫눈에 그녀에게 꽂힌 파리스는 유부녀인 그녀와 함께 야반도주하게 된다. 트로이 전쟁은 왕비를 빼앗긴 스파르타가 펠로폰네소스 반도 및 그리스의 영웅들과 연대해 트로이를 상대로 벌인 전쟁이다.

"아아, 가엾은 여인! 그런 짓을 하려 하다니!
잠자리를 같이하는 남편을 욕조에서 깨끗이 씻긴 뒤―
내 어찌 끝까지 말하리? 곧 끝장이 날 것을!
벌써 손을 자꾸만 앞으로 내밀고 있네요."

아이스킬로스 아가멤논 중 카산드라의 예언장면

피에르 나르시스 게랭, 〈클리타임네스트라와 아가멤논〉, 캔버스에 유채
76×84cm, 개인 소장
게랭은 아가멤논이 목욕중 살해당하는 장면이 아니라, 숙면을 취하고 있는 사이 아내 클리타임네스트라와 그녀의 정부의 습격을 받는 모습으로 묘사했다.

아가멤논

기원전 1200년경, 스파르타의 왕으로, 헬레네 왕비의 남편이자 자신의 아우인 메넬라오스를 위해, 미케네의 왕 아가멤논이 그리스의 총사령관이 되어 트로이 전쟁에 참여하게 된다. 전쟁은 사과를 받지 못한 아테나와 헤라 등을 포함, 이리저리 얽히고 얽혀 갈등 관계에 있던 신들이 각자 트로이와 스파르타의 비선 실세가 되어 주도하게 되는데, 결국은 트로이가 패망하게 된다. 그리스인들이 보낸 목마를 냉큼 받아들인 트로이인들이 목마 안에 숨어 있던 병사들의 급습에 거의 전멸하게 되었던 것이다. 고향 미케네로 돌아온 아가멤논은 자신을 도와준 신들에게 감사의 예를 올린 뒤 몸을 닦기 위해 욕조로 들어갔다. 하지만 전장에 나간 사이 정부와 눈이 맞은 그의 아내 클리타임네스트라는 목욕하는 아가멤논에게 옷을 집어 던져 눈을 가린 뒤, 도끼로 세 번이나 그를 내리쳐 살해했다. 그의 죽음은 사실, 아가멤논이 일종의 전리품으로 끌고 왔던 카산드라에 의해 예언되었지만, 아무도 그녀의 말을 듣지 않았다. 카산드라는 아폴론으로부터 예언능력을 받았지만, 그의 사랑을 거부하는 바람에 그녀가 어떤 말을 해도 사람들이 믿지 않도록 하는 저주를 받았기 때문이다. 심지어 카산드라는 트로이 목마가 트로이 성을 함락시킬 것이라는 예언까지 했지만 아무도 믿지 않았다.

미케네 문명과 하인리히 슐리만

청동기 문명의 끝자락이라 할 수 있는 기원전 1600년에서 기원전 1400년경, 그리스 본토와 펠로폰네소스 반도의 남부 지역에서, 그리고 남쪽 바다 건너 크레타 섬을 비롯한 에게 해의 여러 섬에 이르기까지 미케네 문명은 전성기를 구가했다. 미케네는 티린스, 코린트, 테베, 아르고스 등과 함께 미케네 문명권의 주요도시로 군림했다. 트로이 전쟁을 승리로 이끈 용맹한 아가멤논이 살던 곳이지만, 도시는 서서히 쇠락해졌고 급기야 기원전 1100년경 멸망했다. 지진 등의 자연재해도 원인이 되었겠지만, 발칸 반도 인근에서 내려온 도리아인들의 약탈이 미케네의 쇠락에 쐐기를 박은 것으로 추정된다. 미케네가 멸망한 후, 그리스 전역은 400여 년 동안, 특별히 내세울 만한 문명이 없어 암흑기라 불리우는 시기를 맞이하게 된다.

미케네 문명은 독일의 사업가 하인리히 슐리만(Heinrich Schliemann, 1822~1890)의 발굴작업으로 사람들에게 널리 알려지게 되었다. 슐리만은 8세 무렵, 아버지에게서 크리스마스 선물로 받은 어린이용 세계사 책 삽화에서 불타는 트로이의 모습을 본 뒤부터 고대 세계에 대한 호기심을 키워왔다. 결혼 후 태어난 자신의 아이들 이름까지 호메로스의 『일리아스』에 나오는 안드로마케와 아가멤논으로 지을 정도로 신화의 세계에 빠져 있던 그는 트로이 전쟁이 과연 신화에 불과한 것인지, 아니면 역사적 사건인지를 직접 알아내기로 결심했다. 그 결과, 트로이와 관련한 신화가 상당 부분 실제 사건을 근거로 하고 있다는 증거를 거의 집착에 가

Note

까운 발굴로 찾아냈다. 그러나 신화로 읽고 역사로 쓰려던 고대 그리스에 대한 그의 집념은 이내 물욕으로 이어진 듯하다. 그는 허락도 받지 않고 발굴을 감행하거나, 발굴하면서 출토된 갖가지 유물들을 자신의 소유로 가로채기도 했다. 뿐만 아니라, 발굴된 것들에 대한 애정이 지나친 나머지, 자신의 상상력과 신화의 내용을 억지로 끼어 맞춰 터무니없는 역사로 각색해 버리기도 했다.

한편으로는 매혹적인 발굴가인 슐리만은 또 다른 눈으로 보면, 사기꾼이자 죄의식 없이 남의 나라 유물을 갈취하거나 파괴하는 도굴꾼이었다. 그런 슐리만이 호메로스가 언급한 영웅들의 실체

슐리만의 아내 소피아
자신이 발굴한 유적지의 발굴품들을 개인적으로 취하고, 이를 아내가 착용하고 사진까지 찍어 공개하는 것은 슐리만을 발굴가나 탐험가가 아니라, 도굴꾼으로 보이게 만들기도 한다.

Note

를 미케네에서 꺼내보지 않을 수는 없었다. 1876년부터 슐리만은 트로이 때보다 더 놀라운 유적들을 미케네에서 발굴해내어 다시 한 번 세상의 이목을 집중시켰다.

"여기서 나는 파우사니아스가 전설대로 우리에게 전해준 것, 즉 아트레우스와 용맹스런 왕인 아가멤논과 그의 전차를 몰던 에우리메돈과 예언자 카산드라와 그녀의 일행의 것이라고 했던 무덤들을 발견했다는 것을 조금도 주저하지 않고 보고한다." 미케네를 발굴한 뒤, 흥분에 가득 찬 목소리로 이 문장을 토해내고 있는 그의 얼굴이 떠오른다.

위 〈아트레우스 보물창고 입구〉
상인방만 해도 그 무게가 120톤에 달한다.
가로 8.2m, 세로 5m, 높이 1.2m

아래 〈아트레우스 보물창고 내부〉
높이 약 13m, 지름 약 14m의 거대한 돔 형태의 무덤
기원전 13~기원전 12세기경 추정

아트레우스 보물창고

미케네의 성으로 올라가는 길 왼쪽을 파헤치면서 만나게 된 거대한 구조물 앞에서 슐리만은 자신이 드디어 아가멤논의 아버지, 아트레우스의 보물창고를 찾았다고 확신했다. 그러나 이곳은 창고라기보다는 왕가의 무덤 건축물이었다. 무덤으로 이르는 길은 높은 보호벽으로 둘러져 있고 내부 또한 기원전 13~기원전 12세기경으로서는 놀라울 정도의 건축기술이 동원되었음으로 볼 때, 어지간한 권세가가 아닌 이상 불가능한 명령이었을 터, 왕인 아가멤논의 것이라는 추측도 나왔지만 확신할 만한 증거는 없다.

 높은 벽으로 이어진 길을 따라 입구에 다다르면, 육중한 문을 통과하게 되어 있다. 문 위를 가로지르는 거대한 돌은 그 무게만도 이미 100톤을 넘는다. 내부는 더욱 놀랍다. 로마의 건축물, 판테온을 연상시키는 이 공간은 지름 약 14.5m의 원형 바닥으로 하여, 높이 12.9m 지점의 돌 하나를 꼭지점으로 하는, 원뿔에 가까운 모양을 취하고 있다. 벽면은 무거운 돌들을 33겹으로 포개 올려 만든 것이다. 수학적으로 꼼꼼히 계산하지 않고서는 불가능한 기하학적 모양의 건축물이 이 시대에 만들어졌다는 것이 믿어지지 않는다. 방수처리 또한 완벽해서 빗물 한 방울 들이닥치지 않는 것도 놀랍다. 둥근 실내 공간이라 작은 소리도 울려 퍼지는 것도 신기하다.

〈사자문〉, 기원전 1300년경~기원전 1250
사자 두 마리가 위는 두텁고, 아래는 상대적으로 가는 기둥을 사이에 두고 마주보고 있다. 이런 형태의 기둥들은 크레타의 크노소스 궁에서도 발견되었다.(p.392 참조)

사자문

슐리만이 도착했을 당시, 미케네는 기원전 1200년의 대규모의 지진과 뒤를 이은 화재, 그리고 여러 자연재해에 완전히 기력을 상실한 듯, 흙 속에 몸을 도사린 채 얼굴 한번 내밀지 않은 은둔의 도시로 전락해 있었다. 3m에 달하는 사자문 역시 흙더미 속에 깊게 파묻혀 있을 정도였다. 사자문은 두 마리의 사자가 부조로 새겨진 삼각형 모양의 문 상단을 두고 붙인 성곽 입구의 문이다. 두 사자가 기대고 있는 기둥은 아래는 가늘고 위는 두터운 크레타의 크노소스 궁전(p.389 참조) 기둥을 떠올리게 한다. 고대 그리스뿐 아니라 많은 문명에서, 사자나 황소 등은 강인함이나 용맹함을 상징하고 통치자의 권위를 드러내기 위한 장치로 자주 등장해왔다. 무엇 때문인지 이 사자는 목 부분만 잘려져 나가고 없는데, 아마도 이 부분이 황금으로 만들어져 도굴꾼의 손을 탄 게 아닐까 추측한다. 사자상을 받치고 있는 상인방의 무게도 상당해 보인다. 대체 누가 어떻게 이 돌들을 옮겨왔을까 하는 것도 의문이다. 당시 인간의 힘으로는 도저히 불가능했을 이 일은 키클롭스가 해치운 것으로 신화는 전한다. 외눈박이 거인 족인 키클롭스는 인간의 힘으로는 불가능할 정도로 엄청난 규모의 건축물을 뚝딱뚝딱 만들어낸 존재이다. 그리스 지역에 만들어진 불가사의에 가까운, 건축가 미상의 대형 건축물에는 어김없이 키클롭스가 등장하곤 한다.

위　원형무덤 A

아래　아가멤논의 장례용 가면이라고도 부르는 황금가면, 슐리만에 의해 1876년 미케네에서 발견, 기원전 17세기경으로 추정. 아테네 국립 고고학박물관

원형무덤 A(톨로스)

사자문을 통해 들어선 옛 성터는 그야말로 온전한 것이 하나도 없어 거의 폐허에 가깝다. 어찌 보면 썰렁하기까지 하지만, 한편으로 생각하면 3천여 년도 훨씬 넘은 그 시절, 게다가 땅이 흔들리고 갈라지길 수차례인 이곳에 그나마 이 정도의 흔적이 남아 있는 것도 경이롭다. 무상한 세월을 등에 인 채, 오른쪽 아래를 내려다 보면 원형무덤 A라고 편의상 이름을 붙여놓은 묘터가 보인다. 이를 톨로스 라고도 부르는데, 사실 톨로스는 고대 그리스에서 둥근 원 모양을 그리는 형태의 건축물등을 통칭한다. 이곳은 1874년, 흙먼지와 돌더미들 아래로 깊게는 거의 5m 가까이 파고 들어간 끝에 발굴, 슐리만이 가장 많은 보물들을 건져 올린 곳으로 유명하다. 호메로스가 말한 것처럼, 미케네는 정말로 '황금이 흘러넘치는' 곳이었다. 당시 슐리만은 5개의 무덤을 발견했고, 그 안에서 황금 장신구를 걸친 19구 가량의 시신과 시신의 얼굴을 덮는 용도로 쓰였던 황금가면 등을 찾아냈다. 슐리만은 이 황금가면이 트로이 전쟁의 영웅 아가멤논의 것이라 흥분했다. 하지만 이 무덤에서 발굴된 시신들은 기원전 1600~기원전 1500년경의 것으로 추정, 아가멤논이 트로이 전쟁에서 활동하던 시기가 기원전 1200년대인 것을 감안하면 그의 주장은 의욕과잉에 적당량의 물욕이 가미된 상상일 뿐이다. 트로이라는 나라 자체도 기원전 1250~기원전 1100년 사이에 세워졌으니, 슐리만의 주장이 옳다면, 아가멤논은 아직 세워지지도 않은 나라와의 전쟁에서 승리하고 돌아와, 태어나기도 전에 죽은 셈이 된다.

Epidaurus

8

에피다우로스

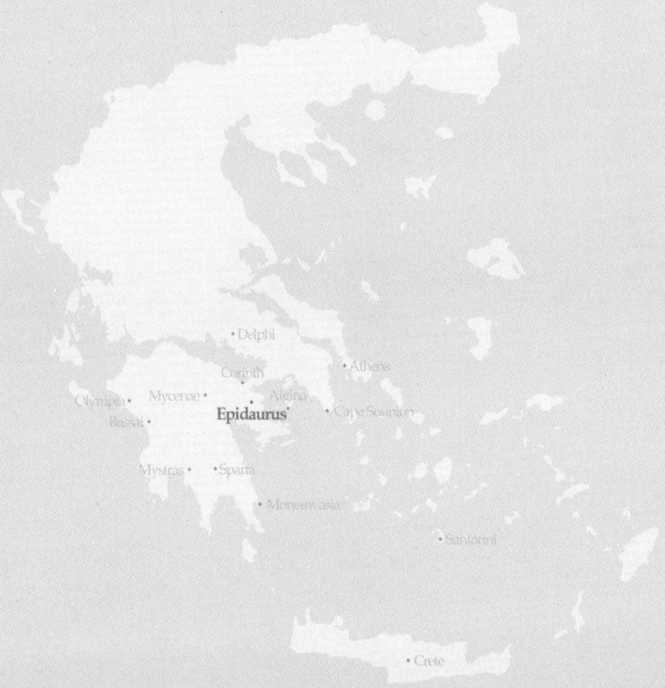

- Delphi
- Corinth
- Olympia
- Mycenae
- Aegina
- Athens
- Bassae
- **Epidaurus**
- Cape Sounion
- Mystras
- Sparta
- Monemvasia
- Santorini
- Crete

미께네에서 에피다우로스로 가는 길 풍경

알브레히트 뒤러, 〈뱀과 잔을 들고 있는 남성 누드〉, 1500년경
녹색 잉크와 펜 드로잉, 325×205mm, 베를린 국립미술관

플라톤의 대화편 『파이돈』에는 소크라테스가 독배를 든 뒤 죽기 직전 친구 크리톤(Kriton, 기원전 469-?)에게 "아스클레피오스에게 수탉 한 마리를 빚졌는데 잊지 말고 갚아 주게나"라는 말을 남겼다고 기록하고 있다. 당시엔 가족이나 친지 등 가까운 이가 병을 고치면 아스클레피오스 신전에 닭을 제물로 바치는 풍습이 있었던 터, 소크라테스가 미처 그 예를 다하지 못했던 것이 마음에 걸렸던 모양이다. 우리가 잘 아는 의학의 아버지 히포크라테스가 바로 이 아스클레피오스의 19대 후손이라는 말도 전해진다.

아스클레피오스
아버지 뭐하시노, 아스클레피오스
아스클레피오스는 태양의 신이자 의술의 신인 아폴론과 테살리아의 공주 코르니스와의 사이에서 태어났다. 의학 금수저 아버지로부터 타고난 유전자를 가진 데다가, 반인반수지만 실력파 켄타우로스, 케이론의 지도하에 의학 공부를 연마한 아스클레피오스는 산 자는 물론, 죽은 자까지 살려낼 정도로 실력이 뛰어난 의사가 되었다.

   아테나는 얼굴만 쳐다봐도 죽는다는 괴물 메두사가 죽어가면서 흘린 피를 받아두었는데, 왼쪽 혈관에서 나온 것은 마시면 즉사하는 독약이었고, 오른쪽 혈관의 것은 죽은 자까지 되살아나는 신통한 피였다. 아테나는 이 피를 아스클레피오스에게 선물해서 죽은 영웅들을 살려내기도 했다. 아스클레피오스의 신통함 때문에 저승의 신 하데스는 망자 유입 급감에 따른 세수 부족으로 노여움이 극에 달할 수밖에 없었다. 사실, 산자와 죽은 이의 비율이 적정선을 지키지 못하면 여러 문제가 생길 수밖에 없다. 자연의 법칙을 거슬리는 결과가 오기 때문이다. 결국 제우스는 법칙 고수를 위한 필살기로 벼락 신공을 펼쳐 아스클레피오스를 제거해버렸다. 죽은 자를 살린 죄로, 산 자가 죽은 것이다.

WHO 엠블럼

아스클레피오스의 뱀

아스클레피오스가 지니고 다니던 '뱀이 감긴 지팡이'는 오늘날에도 의술의 상징이 되고 있다. 어느날 아스클레피오스는 거의 죽은 사람 하나를 치료하던 중에 뱀 한 마리가 가까이 다가오는 것을 보곤 지팡이로 쳐 죽여 버렸다. 그런데 잠시 후 다른 뱀 한 마리가 입에 이파리를 물고 나타나 죽은 뱀의 입에 물려주었더니 원기가 돌면서 살아났다. 눈치 빠른 아스클레피오스는 그 이파리를 이용해 마침 죽기 일보직전의 환자를 살려냈다. 그 뒤부터 아스클레피오스는 지팡이에 뱀을 휘휘 감고 다녔다 한다. 지금도 구급차에는 아스클레피오스의 지팡이가 그려져 있다. 대지의 기운을 온 몸으로 받아 들이며 지하 세계와 지상의 세계를 넘나드는 뱀은 죽음과 삶을 관통하는 존재이다. 뱀이 꼬리를 물면 원이 된다. 원은 돌고 돌아 끊이지 않는 영원을 나타낸다. 구급차에 아스클레피오스의 뱀이 그려진 것은 바로, 이 영원한 삶에 대한 인간의 애착을 의미하는지도 모른다. 아스클레피오스가 들고 있는 지팡이의 허물을 벗는 뱀은 생명과 소생을 상징하며, 현재 WHO(세계보건기구)의 로고에도 그려져 있다.

아바톤
기원전 4~3세기 경에 건축된 것으로 추정된다.

아스클레피오스 성역
아바톤, 환자들이 꿈꾸는 곳

에피다우로스 사람들은 자신의 도시에서 아스클레피오스가 태어났다고 믿었고, 그를 위한 성역, 아스클레피온을 건설했다. 기원전 6세기 말부터 이곳 에피다우로스에는 기적의 치유를 기원하는 환자들과 그 보호자들이 몰려들기 시작했다. 아스클레피온은 고대시절, 일종의 종합 의료 복합 단지 공간이라 할 수 있다.

아스클레피온에는 아스클레피오스를 위한 신전과 그에게 영험한 힘을 선사한 아테나 신전은 물론, 그리스 각 도시 수호신의 신전과 심지어 저 멀리 이집트인들이 세운 신전도 있었다. 이들 신전은 병을 치유하기 위해 각처에서 몰려든, 장기 투숙자들이 각자의 신을 찾아 기도하기 위해 세워진 것이다.

환자들은 아스클레피온에 도착하면 몸을 정갈히 한 뒤 신에게 제물을 바쳤고, 아바톤(abaton, 혹은 엔코이메트리온[enkoimetrion])에서 자면서 꿈을 통해 아스클레피오스로부터 치료 방법에 대한 조언을 들었다고 한다. 이 꿈을 사제들에게 이야기하면, 이에 맞추어 적절한 처방이 내려졌다. 병을 고치는 방법은 오늘날과 크게 다를 바가 없다. 수술이나 약물치료는 물론이고, 목욕, 운동, 산책 등을 통한 자연요법과 각종 심리치료가 있었고, 나아가 연극관람이나 독서까지 포함되었다. 아스클레피온에 목욕탕, 운동 경기장, 도서관을 비롯하여 극장까지 지어진 것이 바로 이런 이유 때문이다

(소)폴리클레이토스, 톨로스, 기원전 360~기원전 320

톨로스

호메로스의 서사시『일리아스』에는 트로이 전쟁에 출전은 하지만 후방에 배치되어 아버지처럼 환자를 돌보던 아스클레피오스의 아들 이야기가 나온다. 이로 짐작해볼 때, 아스클레피오스는 이미 기원전 8세기 때에도 그 이름이 널리 알려진 숭배의 대상이었다는 것을 알 수 있다. 역사가 투키디데스(Thukydides, 기원전 460년경~기원전 400년경)가 전하는 말에 의하면, 펠로폰네소스 전쟁이 한창이던 기원전 5세기경, 아테네를 비롯한 그리스 반도에 아테네 역병이 기승을 부렸다고 한다. 이 역병으로 최고 지도자 페리클레스(Perikles, 기원전 495년경~기원전 429년경)를 비롯해서 아테네 인구의 4분의 1가량이 사망할 정도였으니 병에 대한 관심과 치유에 대한 열망이 높아질 수밖에 없었다. 그즈음, 아스클레피오스를 기리는 신전들이 아테네를 비롯, 그리스권 전역에 지어지기 시작했다. 기원전 3~4세기에는 아스클레피오스에 대한 숭배가, 제우스 등의 올림포스 신에 대한 것보다 훨씬 커지면서 에피다우로스의 명성은 더욱 높아져갔다. 톨로스는 기원전 360~기원전 320년, 그리스의 유명 조각가 (소)폴리클레이토스(Polykleitos the Younger, 기원전 4세기경 활동)가 건설한 것으로 현재 복원 공사가 한참 진행중이다. 외부를 빙 돌아가며 26개의 기둥이 도리아식으로 세워져 있었고, 그 안으로는 둥근 내부를 감싸는 기둥이 14개, 코린트식으로 지어져 있었다. 지하에는 신성한 뱀을 보관하는 장소까지 있었다.

(소)폴리클레이토스, 〈에피다우로스 원형극장〉, 기원전 350년경
에피다우로스

34열로 지어졌다가 로마 시대에 21열이 더 지어졌다. 약 1만 4천 명을 수용할 수 있다.

에피다우로스 극장

아테네의 디오니소스 극장과 비교해볼 때, 에피다우로스 극장은 제의식보다는 오히려 환자나 그 보호자의 치유와 여흥을 위한 장소라 볼 수 있다. 따라서 종교적 의미보다 예술적 의미가 더 크다 할 수 있다. 톨로스를 건축한 (소)폴리클레이토스의 총책임하에 기원전 340년경에 완공된 이 극장은 경사진 언덕에 좌석을 만들어 위에서 아래쪽의 무대를 바라보는 그리스 극장 건축의 전형적인 형태를 취하고 있다.

배우들이 연기하는 무대와 관객석 사이의 원형 공간은 "춤추는 곳"이라는 뜻의 '오르케스트라orchestra'로 불렸다('오르케스트'는 "춤"을 의미). 오르케스트라는 합창단이 노래하고 연주자들이 극에 필요한 연주를 하던 곳으로 사용되었는데, 고대 그리스 초기에는 사각 형태부터 시작했으나 대부분 원형이었고, 로마 시대로 접어들면서 반원형으로 모습이 바뀐다. 한편 언덕 비탈에 위치한 관람석은 그리스어로 '테아트론(theatron)'이라고 하는데, "보는 곳"이라는 의미이다. 이 단어는 오늘날 극장을 의미하는 영어, Theater의 어원이 되었다.

무엇보다 이 극장은 뛰어난 음향효과로 유명하다. 원형의 오르케스트라 중앙에 놓여진 대리석 위에서 헛기침만 해도 관객석까지 전해지는 소리 원리는 여러 학자들이 나름대로의 이론으로 풀어냈지만, 어느 하나를 정설로 두기 어려우니만큼 신비롭기만 하다. 약 1만 4천 명을 수용할 수 있는 이 극장은 앞좌석 34줄, 뒷좌석 21줄로, 두 숫자를 나누면 1.619로 황금비율을 염두에 둔 것임을 알 수 있다.

Bassae

9

바사

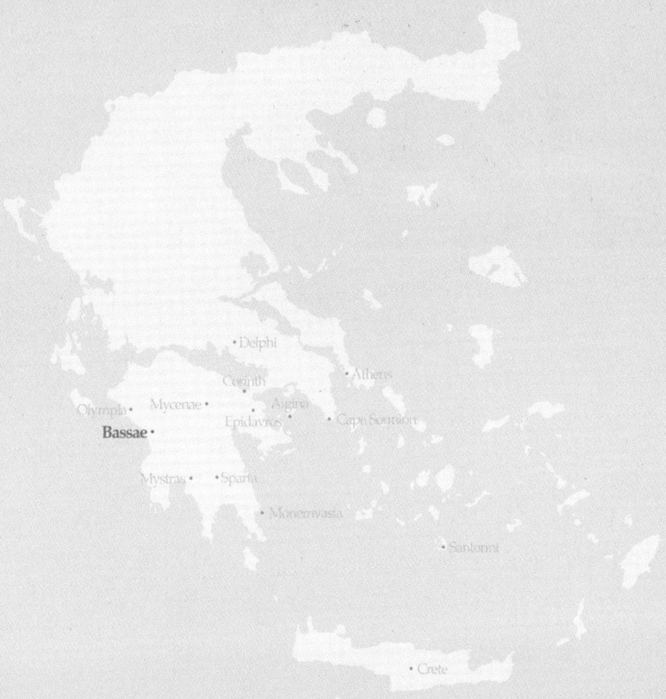

- Delphi
- Corinth
- Olympia
- Mycenae
- Athens
- Bassae
- Epidavros
- Cape Sounion
- Mystras
- Sparta
- Monemvasia
- Santorini
- Crete

오이칼리아(Oichalia) 마을, 신전이 있는 바세로 가는 길

아르카디아

동양인들에게 무릉도원이라 하여 근심이나 부족함이 없는 이상향의 낙원이 있다면, 서양인들에겐 '아르카디아'가 있다. 펠로폰네소스 중부에 위치한 아르카디아 지역은 제우스와 칼리토스 사이에 태어난 아들의 이름 아르카스arkas에서 그 이름이 유래되는데, 목동의 신 판이 다스리는 곳으로 목축업으로 생계를 잇는 목자들의 땅이었다. 실제로는 높은 산에 둘러싸인 다소 척박하기까지 한 땅이지만, 로마의 시인 베르길리우스(Publius Vergilius Maro, 기원전 70~기원전 19)가 자신의 목가시를 모아놓은 『목가집』에서 '아르카디아'를 질투와 시기가 없이 사랑과 우정만 넘치는 이들이 자연과 더불어 평화롭게 살아가는 목자들의 '유토피아'로 묘사하면서부터 유럽인들에게는 실제 모습이 어떠하건, 단어만 떠올려도 걱정이 사라지는 이상적인 상상의 공간이 되었다.

신전의 돌들. 자연재해 등으로 아폴론 에피쿠리우스 신전도 심각하게 훼손되었지만, 석재들이 그리스의 다른 신전들보다 외부 방출이 적어서 복원에 유리하다.

치유하는 아폴론

바로 이 아르카디아 지역, 바세(Bassae, 바사이)라고 불리는 산자락에 세워진 아폴론 에피쿠리우스Apollo Epicurius 신전은 현재, 복원공사로 인해 천막까지 둘러치고 있는 형편이지만, 보존상태가 그리스의 다른 신전들에 비해 훨씬 양호해 신전 건축의 원래 모습을 관찰하기에 좋다.

아폴론 에피쿠리우스는 "치유하는 아폴론"이라는 뜻이다. 펠로폰네소스 전쟁 당시 역병이 창궐했을 때, 아폴론이 주민들에게 신비한 약초를 주어 병이 나았다는데, 그 약초를 발견한 자리에 이 신전을 세웠다고 한다. 물론 이 신전이라고 파괴의 역사가 없었을 리 만무하고, 지진 등으로 인한 자연재해를 피해간 것은 아니겠지만, 폐허가 된 상태에서도 워낙 깊은 산속, 외진 곳에 위치해 있었던 덕분에 채석장 돌처럼 파헤쳐져 사방 팔방 흩어져 이름도 모르는 지역의 새 건물에 박히는 일을 피할 수 있었다.

익티노스 설계, 〈아폴론 에피쿠리우스 신전〉
기원전 450~기원전 425, 14.6×38.3m

에피쿠리우스 신전

그리스 여행기를 쓴 파우사니우스는 파르테논 신전의 공동 설계자였던 익티노스Ictinos가 이 신전을 설계, 감독했다고 기록한다. 일반적으로 그리스 신전은 해가 뜨고 지는 동서 방향에 세로축을 두지만, 이 신전은 산비탈의 지형을 이용하느라 남과 북을 향하도록 지어졌다. 대신 입구를 양쪽에 두어 신전 내에 세워졌던 대형의 아폴론 조각상이 아침해가 뜰 무렵 찬란한 햇살을 맞이할 수 있도록 하였다. 앞뒤 6열, 그리고 좌우에 15열의 기둥이 세워져 있는데, 보통의 경우 앞열 기둥에 2를 곱한 뒤, 1을 더한 수만큼 좌우의 기둥이 정해진다는 점을 감안하면, 이 신전은 좌우가 그보다 2개 더 세워져 있다. 특이하게도 이 신전은 3가지의 기둥 양식이 적용되어 있다. 외관은 도리아식 기둥이, 안쪽은 이오니아식, 성소 내부 기둥은 코린트식인데, 그리스 신전 중 최초의 코린트식이다. 한 건물 안에 3가지 양식이 혼재되어 있음은 고전기 예술이 미덕으로 삼던 통일감이 서서히 와해되어 장식적인 요소와 드라마틱한 표현이 대두되기 시작했다는 것을 보여준다.

오이칼리아 마을
워낙 외진 곳에 있는데다가, 천막까지 뒤집어 쓴 채 인적이 드물어 거리가 무척 한산하다.

Olympia

10

올림피아

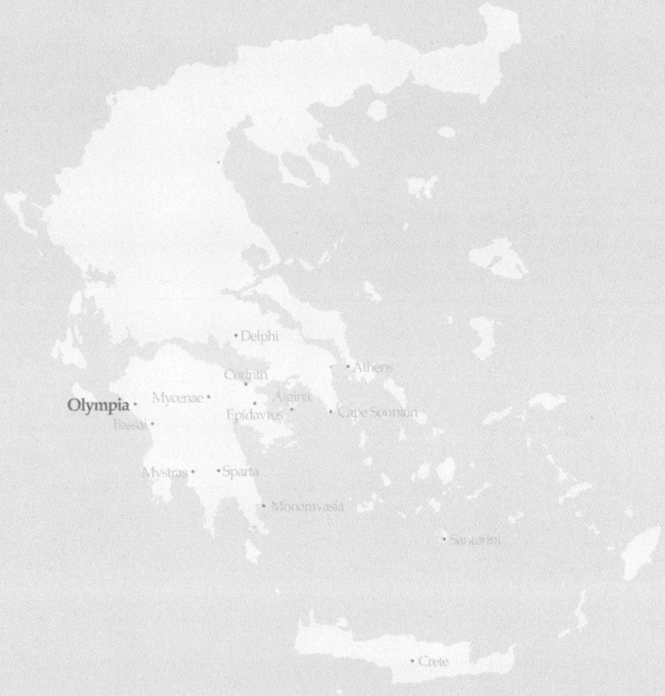

Delphi
Athens
Corinth
Olympia
Mycenae
Aigina
Epidavros
Cape Sounion
Bassai
Mystras
Sparta
Monemvasia
Santorini
Crete

올림피아 고고학 박물관 내에 전시되어 있는 제우스 신전 동쪽 페디먼트의 조각상들

올림픽의 역사

펠레폰네소스 반도의 서쪽 엘리스Elis 지방, 크로노스 언덕 기슭, 알페이오스Alpheios 강과 클라데오스Kladeos 강이 만나는 지점에 고대 올림픽 경기의 발상지로 알려진 '올림피아'가 자리한다.

고대 그리스인들은 자신들이 섬기는 신을 위한 제사를 마친 뒤, 운동경기로 제전을 마무리하곤 했다. 가장 잘 알려진 고대 그리스의 4대 제전으로는 네메아Nemea에서 열리던 네미아Nemia제, 델포이(Delphoi, 현재 델피[Delphi])에서 열리던 피티아Phthia제, 코린트Korinth에서 열리던 이스트미아Istmia제, 신중의 신 제우스를 위한 올림피아Olympia의 올림피아제를 들 수 있다. 제우스를 위해, 올림피아에서 열린 올림피아 제전은 주로 그리스인들이 가장 완벽한 숫자라고 생각하는 '8'년을 주기로 개최되었는데, 기원전 776년 엘리스의 왕 이피테스가 4년 주기로 바꾸었다. 처음에는 1스타디온, 즉 191.27m짜리 달리기 경주가 다였다. 이후 세월이 흐르면서 투창, 원반도 생기고 레슬링에 이종격투기(판크라티온)까지 종목이 늘어났다.

경기는 그리스 말을 사용하는 자라면 누구나 참여할 수 있는 것이 원칙으로 이웃한 주변국가 출신까지 경기에 합세하기 시작한 것은 기원전 146년경부터라 한다. 이 '누구나'에 속하는 인간은 남성만을 의미하는 것으로 여성들은 제외되었다. 하지만, 기원전 6세기경부터 시작된 것으로 전해지는 헤라 여신을 위한, 헤라이아Heraia 경기는 여성들만의 경기로, 남성들만의 경기가 시작되기 전에 시행되었다. 남성들의 경기인 올림픽 경기에서 선수들은 누드

Note

고대 올림픽, 달리기 대회가 열렸던 경기장을 찾은 이들이 기념으로 달리기 하는 모습

고대 그리스의 도자기에 그려진 승리자의 모습을 보면, 경기에 승리하자마자 그 즉시 팔과 허벅지에 끈을 묶어 표시하였고 종려나무 가지를 수여했다.

가 원칙이었다. 따라서 여성들은 홀딱 벗은 남자들의 경기 관람이 원칙적으로는 제한되어 있었고, 만일 경기를 몰래 엿보다 들키기라도 하면 바위 밑으로 던져지는 형벌을 받았다고 한다. 하지만,

Note

그건 유부녀에 해당하는 이야기일뿐, 처녀들은 관람이 가능했다는 이야기도 있다. 아마도 처녀들로 하여금 신랑감을 구할 기회를 제공하기 위해서가 아니었을까 싶다. 어쨌건, 올림피아 제전이 오랫동안 '그리스 말을 사용하는 자'로 참가자를 한정 지은 것은 이들이 비록 도시 국가 형태를 취하느라 서로 나뉘어져 때론 반목하기도 하지만, 결국은 하나의 뿌리에서 비롯된 같은 민족이라는 '우리가 남이가?' 정신을 상기하자는 게 주 목적이었음을 알 수 있다.

페르시아의 크세르크세스 왕(Xerxes, 재위 기원전 486~기원전 465)은 그 올림픽인지 뭔지 하는 경기에서 우승하면 뭐가 생기냐는 질문을 했는데, 이에 신하는 그리스인은 올리브 관과 종려나무 가지 등을 하사 받는 게 다라 대답했다. 당시 이들의 대화를 엿듣던 페르시아의 신하는 물질이 아니라 명예를 위해 경기를 하는 그리스인과 전쟁을 하는 것이 참으로 불행한 일이라 탄식했다 한다.

하지만 속을 들여다보면 꼭 그렇지만은 않았다. 올림픽경기에서 승리한 자는 소속된 도시국가로 돌아가 어마어마한 규모의 개선식으로 환영받았고, 평생 세금 면제를 받는다거나 연금 혹은 상금을 받았으며, 고위직 군인으로 발탁되기도 했다. 기원전 6세기경의 기록을 보면 아테네에서는 우승자에게 양 500마리를 살 수 있을 정도의 포상금도 지급하였다. 오늘날도 그렇지만, 올림픽 우승이 곧 국가의 영예가 되면서 승리자에 대한 대우가 나날이 높아졌고, 덕분에 선수들과 심판관의 부정행위도 늘어났다. 심지어 명예욕에 눈이 먼 네로 황제는 전차 경기에 참여, 완주조차 못했

자네스(Zanes) 기단들: 자네스는 제우스의 복수형이다. 육상경기장 입구 쪽에는 경기에서 부정한 선수들과 해당 도시국가의 벌금 같은 기증으로 만들어진 제우스의 청동 조각 입상들이 서 있었다. 현재, 조각상들은 파괴되었고, 돌로 된 기단 16점만 남아 있다. 기단에는 반칙을 한 자들의 이름이 새겨져 있었는데, 이 곳에 이름이 적힌다는 것은 국가나 개인 모두에게 수치스러운 일이었다.

Note

음에도 불구하고 스스로를 우승자로 발표하고, 또 자기 부하 50명을 출전시켜 우승 확률을 무리하게 높이는 유치한 짓도 서슴지 않았다.

사실, 폴리스 간의 알력이 끊이지 않고 전쟁이 이어지는 곳에서, 가장 필요한 존재는 '건강한 신체의 남성'이었을 것이다. 때문에 아름답고 멋진 남성들의 신체는 거의 숭배의 대상이 되었고, 덕분에 수많은 조각작품으로 남아 오늘날에 이른다.

올림피아는 첩첩 산중에 있어, 주로 차를 타고 이동하는 현대인들에게조차 만만치 않은 시간과 인내심을 요한다. 하물며 그 옛날 옛적, 4년마다 한 번씩 경기를 위해 현재 그리스 땅뿐 아니라, 멀리 그리스의 식민지에서부터 올림피아까지 이동한 걸 보면, 당시 사람들에게 올림픽 경기가 얼마나 중요한 행사였는지를 알 수 있다. 기원전 8세기를 제대로 된 올림픽 경기의 시작으로 본다면, 이 경기는 393년, 로마제국의 신앙심 깊은 테오도시우스 황제가 폐지할 때까지, 1천년 넘게 지속되었다. 어떤 연구에 따르면 서기 5세기에도 올림픽 경기는 열렸지만, 지진으로 인한 지형 변화로 알페이오스 강과 클라데오스의 수로가 바뀌어 올림피아 중심지에 모래 등이 유입, 더이상 경기를 지속할 수 없게 되었다는 말도 있다. 어쨌거나, 안타까운 것은 바로 테오도시우스 황제와 같은 독실한 기독교인들은 하나님이 아닌 제우스를 기리는 제전이 벌어지던 이 공간을 철저하게 파괴하고 유린했다는 사실이다.

올림피아의 팔라이스트라 유적

김나시온

김나시온Gymnasion은 젊은이들이 체력을 단련하던 곳으로 고대 그리스어 '김노스'(γυμνός, "벗은")라는 단어와 관련이 있다. 기원전 5세기, 벗은 몸으로 운동하는 것을 원칙으로 여겼던 스파르타인들의 규칙이 그리스 전역으로 확대되었다. 남아 있는 문헌들을 보면 각종 체육 경기에 임하는 선수들은 성기의 끝을 잡아 허벅지에 연결시키는 끈 하나만 걸칠 수 있었음을 알 수 있다.

김나시온은 폴리스마다 한두 개씩 지어져 있었는데, 아테네의 아고라에서 본 스토아같이 한쪽은 막히고 한쪽은 터진 열주랑 아래서 운동은 물론, 소위 가방끈 긴 중장년층과 젊은이들이 서로 만나 학문적 토론을 하는 일종의 열린 학습장으로도 사용되었고, 나아가 남성 간의 일탈도 더러 일어나는 치명적인 유혹의 공간이 되기도 했다.

올림피아의 김나시온에는 경기에 참석할 선수들의 경우, 적어도 한 달 전부터 도착해 연습을 했는데, 주최 측에서 이들의 연습 장면을 보고 본선 진출을 결정했다고 하니, 일종의 예선 장소로도 볼 수 있다. 김나시온 아래에는 부속기관으로 실내 체육관 격인 팔라이스트라Palaistra가 있었는데, 이곳에서는 레슬링, 권투 등을 훈련했다.

위 경기장 아치. 경기장 쪽에서 바라본 아치형의 입구 모습이다.
아래 야트막한 언덕은 관람석 자리이며 아래 경기장에는 달리기 출발선이 돌로 표시되어 있었다.

경기장

올림픽 경기 전후, 일정기간 동안 고대 그리스의 폴리스들은 전쟁을 중단했다. 올림픽 경기가 8년에 한 번씩 열리다, 4년으로 정해진 것도, 스파르타와 계속 전쟁을 치르느라 피폐해진 엘리스 왕의 묘책이었다. 그는 제우스 제전 동안 만큼은 휴전이 마땅하다 제안한 뒤, 스파르타가 이에 응하자, 8년으로 하는 것보다 그 주기를 4년으로 하는 것이 전쟁 억제에 효과적이라 생각했고, 다행히 그 주장은 같은 생각을 하는 그리스인들의 동의를 얻어낼 수 있었던 것이다. 전하는 이야기에 따르면, 기원전 420년 스파르타는 올림픽 경기 기간 중 레프레오 시를 침략하는 바람에 양 10만 마리에 해당하는 벌금을 물어야 했다고 한다.

경기장은 올림피아 유적지 동쪽 끝에 위치한다. 입구는 폭 3m에 높이가 2.5m쯤 되는 자그마한 아치(arch, 반원 모양의 둥근 지붕)를 통과해야 하는데, 아치가 로마 건축의 특징이니만큼 로마제국 시절 지어진 것을 알 수 있다. 기록에 따르면 이 아치형 입구는 선수와 심판자 이외엔 사용할 수가 없었으며 심지어 로마 황제조차도 입장이 금지되었다 한다.

출발 지점에는 살짝 지면을 파놓아 선수들이 발을 고정할 수 있는 발판 구실을 하도록 했다. 4만 명 이상을 수용할 수 있는 관람석은 북쪽 크로노스 언덕 쪽에 비스듬하게 경사를 이루고 있어 경기를 내려다보기 좋게 만들어졌다. 남쪽의 관람석은 로마 시대에 만들어진 것이다. 관람석 중앙, 대리석으로 만든 귀빈석은 심판을 비롯, 황제나 귀족들 차지였다.

펠롭스의 섬, 펠로폰네소스

펠로폰네소스는 그리스 본토와 코린트 만을 사이에 둔 면적 약 2만 1500㎢에 달하는 반도 지역을 말한다. 비잔티움 시대를 거쳐, 터키의 오스만제국 시절, '모레아(Morea, 뽕나무 잎 이라는 뜻)'라는 이름으로도 불리었다. 원래 뽕나무가 잘 자라는 반도의 북서쪽 엘리스 지역을 일컫는 말이었으나 지금은 그리스 전체 영토의 약 20%에 달하는 반도 전체를 의미한다. 카잔차키스의 『모레아 기행』이라는 책 제목에서 알 수 있듯, 그리스인들에겐 '모레아'라는 지명이 일상적이고 친숙하다. 현재 행정 구역상 아르골리스, 아르카디아, 아카이아, 일리아, 코린티아, 라코니아, 메시니아 등 7개 주(州)로 구획되는데, 우리에겐 이 지역 도시로 스파르타나 아르고스 등이 익숙하다.

펠로폰네소스는 "펠롭스의 섬"이라는 뜻으로, 세상에서 제일 엽기적인 아버지를 둔 펠롭스와 관련이 있다. 그의 아버지는 프리지아의 왕, 탄탈로스였다. 어느날 왕은 신들을 식사에 초대해서 엽기적인 시험을 감행했다. 자신의 아들 펠롭스를 썰어서 만든 요리를 내놓은 뒤 신들이 알아채는지 시험을 한 것이다. 신들이 그리 호락호락한 존재는 아니어서 당장에 눈치 채고 접시를 밀어냈지만, 데메테르라는 여신만 넋을 놓고 한 점 베어 물었는데, 그 부분이 바로 펠롭스의 어깨 부분이었다. 데메테르는 당시 지하의 신, 하데스가 딸을 납치해간 것도 모르고 찾아 헤매느라 거의 실신 지경에 있었기 때문이었다. 이 이야기는 점점 엽기가 되어가는데, 신들은 음식으로 나왔던 펠롭스를 살려내기 위해 그의 시신을

Note

가마에 넣고 쪄냈다. 예상대로 그는 되살아났지만, 데메테르가 먹은 어깨 부분은 살이 없어 할 수 없이 상아로 메꿔야 했다. 이 후 펠롭스의 후손들은 죄다 어깨가 하얗게 되었다고 하니, 유난히 어깨 한 쪽이 하얀 남자를 만나면 일단은 펠롭스 왕가의 피를 가진 자가 아닌지 생각해볼 필요가 있다.

〈미르틸로스〉, 제우스 신전의 동쪽 페디먼트, 기원전 460년경, 대리석
올림피아 고고학박물관

미르틸로스의 저주

훗날 펠롭스는 피사의 왕 오이노마오스의 딸 히포다메이아에게 청혼했다. 그런데 오이노마오스는 딸의 결혼을 어떻게 해서든 막고 싶어 했다. 그 이유를 딸에 대한 근친상간적 사랑 탓이라는 예상 밖의 이야기도 있지만, 그가 사위 손에 죽게 된다는 신탁을 받았기 때문이라는 뻔한 이야기도 전한다. 왕은 늘 전차 경기를 제안하여 딸의 구혼자들을 응징하곤 했는데, 펠롭스에게도 마찬가지였다. 경기의 룰은 간단했다. 지는 사람은 무조건 왕에게 목숨을 내놓아야 한다는 것이다. 펠롭스는 마부인 미르틸로스를 매수해 왕의 전차 바퀴를 고정시키는 나사를 밀랍으로 바꿔치도록 하는 '치사' 신공을 발휘했다. 마침내 전차 속도가 높아지면서 열이 더해지자 밀랍은 녹아내렸고, 왕은 그 자리에서 즉사했다. 또 다른 이야기에 따르면 히포다메이아는 어깨가 상아로 된 특이하면서도 아름다운 펠롭스에게 첫눈에 반해, 미르틸로스를 매수했다고도 한다.

미르틸로스가 왕을 죽이는 댓가로 요구한 것은 평소 흑심을 품고 있던 히포다메이아와의 하룻밤이었다. 이에 펠롭스와 히포다메이아는 마차를 타고 가다 밀어 버리는 방법으로 미르틸로스를 제거했는데, 죽어가면서 퍼부은 망자의 저주는 펠롭스 가문 대대로 이어졌다. 이 가문의 후손으로 아트레우스의 아들 아가멤논이 딸을 죽이고, 이어 클라임네스트라의 손에 죽어나간 일, 그리고 아버지를 죽인 엄마 클라임네스트라를 죽이는 아들 오레스테스 등등으로 이어진다.(p.220 참조)

제우스 신전
기둥만 남은 신전

테오도시우스 황제의 신전 파괴 명령, 잇단 자연재해 속에 꺾여 세인의 관심을 등진 채 과거의 영광을 홀로 속으로만 삼키고 있던 올림피아는 1875년, 독일인들의 발굴로 세상에 모습을 드러냈다. 그래도 무조건 파내서 먼저 잡으면 임자 식의 '발굴'이라 써놓고 '도굴'이라 읽어야 했던 과거와 달리, '이곳에서 발견된 모든것들은 무조건 그리스의 것'임을 미리 천명해놓고 삽을 꽂은 덕에 올림피아의 여러 유물들을 해외에 반출하지 않고 지켜낼 수 있었다.

로마의 여행가 파우사니아스에 의하면 "성스러운 숲"이라는 뜻을 가진 올림포스의 성소 알티스에는 무려 69개의 신전과 제단이 있었다 한다. 제우스 신전은 아테네의 파르테논 신전보다 앞선 기원전 460년경에 리본Libon이라는 건축가의 주도하에 공사가 시작되었다. 파르테논 신전과 동일한 도리아 양식의 기둥들은 지진으로 인해 죄다 포개진 채 쓰러져 있지만, 높이 10m가 넘는 기둥들 아래 부분의 지름이 2m를 훌쩍 넘어선 걸로 보아 그 규모를 충분히 짐작할 수 있다. 크기를 보면 파르테논 신전이 길이 69.50m, 폭이 30.80m였고, 제우스 신전 역시 비슷한 규모인 길이 64.12m, 폭이 27.68m이다. 다 쓰러진 가운데 달랑 하나, 굳건해 보이는 기둥은 2004년 아테네 올림픽 개최를 기념하기 위해 독일 고고학 연구소가 후원해 세운 복원품이다.

위 리본, 〈제우스 신전〉, 기원전 460, 27.68×64.12m, 올림피아
아래 파괴 명령 이후, 지진 등으로 완전히 초토화가 된 제우스 신전은 후대인들이 기념으로 다시 세워놓은 기둥 하나로 겨우 그 자취를 짐작할 뿐이다.

페이디아스의 작업실

신전 건립 후, 엘리스 사람들은 파르테논 신전 내부에 상아와 황금으로 거대한 아테나 여신상을 만들었던 페이디아스에게 제우스 신상을 주문했다. 그들은 신상을 다른 곳에서 만들어 옮겨오기보다는 아예 신전 앞에서 만들기를 원했다. 아마도 페이디아스는 잘난 사람은 그냥 두고 보지 못하는 아테네인들의 모함과 시기에 염증을 느낀 듯, 올림피아로 거처를 옮긴 뒤 기원전 435년경, 목재와 상아를 이용해 거의 14m 높이에 달하는 제우스 신상을 완성했다. 이 기념비적인 조각상은 그리스 땅이 동로마제국, 즉 비잔티움제국의 영토로 편입되었던 시절 수도였던 콘스탄티노플로 옮겨졌다가 마치 있을 곳이 아닌 곳에 있어 불편했다는 듯이 딱 한 해 뒤인 서기 475년에 대화재로 소실되었다.

제우스 신전 앞에는 페이디아스의 작업실 흔적이 남아 있다. 중세 때 기독교 교회로 사용되는 바람에 하마터면 그냥 잊혀질 뻔한 이 공간 주위로 그의 손을 탄 것으로 보이는 유물들과 다수 발견되어 현재 올림피아 박물관에 전시되어 있다.

좌 페이디아스 작업실
우 페이디아스, 〈제우스 신상 복원도〉
  원작은 기원전 435년 추정, 높이 약 14m

〈전차 경기를 준비하는 펠롭스와 오이노마오스 등이 새겨진 동쪽 페디먼트〉
기원전 460, 대리석, 올림피아 고고학박물관

동쪽 페디먼트, 펠롭스와 오이노마오스의 전차 경기

올림픽 경기의 기원을 두고 두 가지 이야기가 있다. 그중 하나는 헤라클레스가 자신의 아버지 제우스를 위한 제전에서 비롯되었다는 것이고, 또 다른 하나는 피사의 왕 오이노마오스가 딸 히포다메이아의 결혼 상대인 펠롭스의 능력을 시험하기 위해 벌인 전차 경기를 그 기원으로 한다고도 본다. 그래서인지, 이곳 올림피아의 제우스 신전 페디먼트에는 마차 경기나 헤라클레스 이야기가 장식으로 등장한다.

신전의 동쪽 페디먼트는 마차 경기와 관련된 것으로 말 8마리와 13명의 인물이 등장, 막 시작될 연극 한 편을 앞두고, 혹은 끝내고 무대 앞에 나와 인사를 하는 장면처럼 조각되어 있다. 정중앙은 이 신전의 주인인 제우스가 서 있다. 지금은 파괴되었지만,

위에서부터
알페이오스 강
클라데오스 강
경기를 지켜보는 노인
자신의 발가락을 만지작거리는 소년

그의 손엔 분명 번개가 쥐어져 있었을 것이다. 제우스를 기준으로 화면상 왼쪽에 투구를 쓴 오이노마오스, 그리고 그 왼편으로 그의 아내가, 이어 무릎을 꿇고 있는 미르틸로스와 4마리의 말이 끄는 마차가 있다. 마차 뒤로 두 명의 마부, 혹은 경기를 구경하러 온 이들로 추정되는 자들이 보인다. 구석에는 올림피아의 신성한 강 알페이오스의 의인화된 모습이 새겨져 있다. 제우스 오른쪽으로는 젊은 왕자 펠롭스가 서 있다. 흔적들로 미루어보아 창과 방패를 들고 있었던 것으로 보인다. 이 탄탄한 누드의 펠롭스 옆에 히포다메이아가 서 있다. 그리고 그녀 앞에 한 하녀가 무릎을 꿇고 있다. 이어 펠롭스가 몰게 될 4마리 말이 끄는 마차가 보인다. 그 뒤로 이 경기를 구경하러 온 노인의 놀란 표정이 압권이다. 다음으로 젊은 남자가 무릎을 세운 채 자신의 발톱을 만지작거리고 있다. 제일 구석에는 올림피아를 흐르는 또 다른 강, 클라데오스 강의 의인화된 모습이 보인다. 이 두 강으로 인해 펠롭스와 오이노마오스의 경기가 다른 곳이 아닌, 이곳 올림피아에서 열린 것이 되는 셈이다.

루벤스, 〈히포다메이아의 겁탈(라피타이 족과 켄타우로스)〉 1636〜1638
182×290cm, 캔버스에 유채, 마드리드 프라도 미술관

라피타이 족과 켄타우로스의 전투

페이리토오스는 라피타이라고 부르는 종족의 왕 익시온의 아들이었다. 그는 평소 테세우스의 용맹함을 귀가 따갑도록 들은 터라 그를 몸소 시험해보고 싶었다. 해서 그는 가축떼를 훔쳐 달아나는 소동을 벌여 테세우스의 눈길을 끌었다. 둘은 추격전을 벌이다 싸우기 시작했지만 이내 서로의 강인함에 이끌리게 되어 평생 우정을 약속했다. 세월이 흘러 페이리토오스가 장가를 들게 되었는데, 반인반수의 켄타우로스 족이 하객으로 참석했다가 술이 취해, 신부인 히포다메이아를 겁탈하고 다른 여성 하객들까지 범하려 들었다. 친구의 결혼식날 일어난 이 난동에 테세우스가 나섰다. 그는 페이리토오스와 함께 켄타우로스 족을 무찔렀다. 참고로, 신부인 히포다메이아는 펠롭스의 아내와 동명이인이다.

〈라피타이 족과 켄타우로스의 전투 서쪽 페디먼트〉, 기원전 460년경
대리석, 올림피아 고고학박물관

위 신부의 가슴을 움켜잡고 있는 켄타우로스(서쪽 페디먼트 부분)
아래 숨죽인 채 사건을 지켜보는 라피타이 여인들의 모습
    (서쪽 페디먼트 부분)

테세우스

올림피아 신전, 서쪽 페디먼트

라피타이 족 결혼식에서 일어난 켄타우로스 족과의 사건이 그려진 서쪽 페디먼트는 동쪽 페디먼트에 비해 혼란스러움과 당혹감, 그리고 긴장감이 두드러진다. 등장 인물들의 표정이 죄다 일그러져 있는데, 이런 표현은 이전까지의 그리스 조각사에서는 드문 일이었다. 페디먼트의 정중앙에는 아폴론이 서 있다. 화합의 신이기도 한 아폴론은 한 팔을 들어 '아, 좀 그만들 하라구!'라고 명령을 내리는 것 같다. 그의 양쪽으로 페이리토오스와 테세우스의 얼굴이 보인다. 몸통 부분은 거의 파손되어 알아볼 수가 없지만, 화면상 아폴론의 왼쪽 편, 페이리토오스가 감히 신부의 가슴을 움켜잡고 있는 켄타우로스를 대적하고 있는 것으로 보인다. 페디먼트의 코너에는 라피타이 여인들이 두려움에 숨을 죽인 채 이 격렬한 전투를 쳐다보고 있다. 파르테논 신전의 메토프에도 새겨져 있는 켄타우로스의 라피타이 난동과 제압 장면은 야만과 비문명의 페르시아를 응징하는 합리와 이성의 민족 그리스인들의 우월함을 은유하는 것으로 볼 수 있다

위 **올림피아 고고학 박물관**
제우스 신전, 헤라 신전 등이 함께 하는 올림피아 성소 지역을 일컫는 알티스에서 발굴된 유물들을 전시하고 있다.

우 위·아래 **올림피아 박물관 내부**
제우스 신전의 페디먼트 조각을 감상하는 관람객들

**틴토레토, 〈은하수의 기원〉, 1570, 캔버스에 유채, 148×165cm
런던 내셔널 갤러리**

제우스는 신인 자신과 인간 사이에서 태어난 헤라클레스를 신으로 만들기 위해 헤라의 젖을 먹게 하려고 그녀가 잠든 틈을 노렸다. 그러나 이미 어린 시절부터 철근을 가래떡처럼 질근질근 씹을 정도로 힘이 장사였던 그는 너무 세차게 젖을 빨아 헤라를 잠에서 깨게 했다. 그녀는 놀람 반, 분노 반 헤라클레스를 밀쳐내 버렸는데, 그 때 그녀의 가슴에서 뿜어져나온 젖이 하늘에 뿌려지면서 밤하늘을 아름답게 수놓았다. 그를 일러 밀키웨이(milky way), 즉 은하수라 한다.

12개의 메토프와 헤라클레스

흔히, 그리스 신화 최고의 영웅으로 손꼽히는 헤라클레스는 제우스가 알크메네의 사이에서 낳은 자식이다. 알크메네는 암피트리온의 아내였는데, 그가 원정 나간 사이 제우스가 암피트리온으로 변신하여 그녀를 범한 것이었다. 그러나 제우스가 자신의 욕망을 채우고 떠난 자리에 진짜 암피트리온이 원정에서 돌아와 그녀와 밤을 보냈다. 이 일로 알크메네는 쌍둥이를 낳는데, 제우스의 뜻에 따라 첫째 아이는 헤라클레스, 둘째 아이는 이피클레스라 불렀다. 헤라클레스는 "헤라의 영광을 위하여"라는 뜻이다. 이는 분명히 질투의 화신이 될 헤라로부터 아들을 보호하기 위한 조치였다. 한 가지 의문은 왜 첫째 아이가 헤라클레스인가 하는 점이지만, 신화는 그저 알아서 상상하시라고 떠밀 뿐이다.

헤라의 당연한 질투는 헤라클레스의 삶을 녹록지 않게 만들었는데, 그중에서도 최악이라 할 수 있는 건 헤라클레스로 하여금 광기에 사로잡혀 아내 메가라와 세 자식을 죽여버리게 한 일이었다. 이에 죄책감을 느낀 헤라클레스는 델피의 신탁을 받게 되었는데, 미케네로 가서 에우리스테우스 왕의 노예가 되어 그가 시키는 일들을 완수해야만 죄가 씻어진다는 내용이었다.

올림피아 제우스 신전, 12개의 메토프는 바로 헤라클레스의 이 12가지 과업을 설명하고 있다.

〈아틀라스가 헤스페리데스의 황금사과를 가져오는 동안 하늘을 이고 있는 헤라클레스〉, 올림피아, 제우스 신전의 메토프, 기원전 460, 높이 160cm, 올림피아 고고학박물관

황금사과 이야기

헤라클레스의 12가지 과업 중 막바지 열한 번째 과업은 헤스페리데스의 정원에서 황금 사과를 훔쳐 오는 것이었다. 정원으로 가는 길에 헤라클레스는 인간에게 불을 선사한 죄로 밧줄에 결박되어 독수리에게 간을 쪼아 먹히고 있는 프로메테우스를 구해주었는데, 프로메테우스는 그 보답으로 황금사과를 얻으려면 반드시 거인 아틀라스에게 사과를 가져오게 해야 한다는 사실을 알려주었다.

마침 하늘을 떠받치고 있는 형벌을 수행중인 아틀라스를 찾아간 헤라클레스는 헤스페리데스의 정원에 가서 황금사과를 따다주면 그동안 자신이 대신 하늘을 떠받치고 있겠다며 접근한다. 옳거니 한 아틀라스는 헤스페리데스의 정원으로 가서 황금사과를 따오는데 막상 헤라클레스를 보자 하늘을 다시 떠맡고 싶지 않아졌다. 그는 자신이 직접 이 사과를 왕에게 전해주겠노라 말을 하는데, 속마음을 눈치 챈 헤라클레스는 아틀라스에게 알았다고 안심시킨 뒤, 하늘은 어차피 자신이 받치고 있을 것이지만, 어깨가 너무 아파 방석이라도 대야겠다며 잠시만 하늘을 들어달라고 청한다. 아틀라스는 그깟 잠시야 하며 얼른 하늘을 대신 받쳐 들지만, 그새 헤라클레스는 황금사과를 집어들고 자리를 떠나게 된다. 이 장면을 담은 메토프는 하늘을 받치고 있는 헤라클레스를 위해 아테나 여신이 그를 도와주고 있는 장면으로 그려져 있다. 아틀라스는 자신이 따온 사과를 헤라클레스에게 내밀고 있다.

〈헤라 신전〉, 기원전 590년경, 18.75×50.01m

헤라 신전
신전과 성화
제우스 신전 옆으로 그의 아내 헤라를 위한 신전이 함께 한다. 제우스의 아집과 독선에 대한 헤라의 당연한 질투와 원망은 지금도 한이 되어 폐허가 된 두 신전 사이를 묘한 기운으로 흐른다. 헤라 신전은 제우스 신전에 비하면 크기가 반 정도밖에 안 되지만, 기원전 6세기경에 도리아식으로 세워진 것으로 그리스 신전 역사상 가장 오래된 것들 중 하나이다. 처음에는 목조로 지어졌다가 파괴와 복구가 반복되면서 돌로 교체되었다. 2세기경 로마의 파우사니아스가 방문했을 때만 해도 목조로 만들어진 기둥 하나가 남아 있었다 한다. 따라서 기둥들이 한꺼번에 돌로 바뀐 것이 아니라, 하나둘씩 시간을 두고 교체되었음이 분명한데, 그를 입증이라도 하듯, 현재 남은 34개 기둥은 각기 교체 시기의 양식에 따라 그 모양과 크기가 다르다. 신전 내부에는 헤라와 제우스의 신상이 들어 있었는데, 엘리스 지역에 사는 처녀 16명이 직접 짠 옷으로 4년마다 한 번씩 옷을 갈아 입혔다.

헤라 신전 바로 앞에는 헤라신에게 제를 지내는 제단이 있다. 1936년, 베를린 올림픽 게임 때부터 바로 이 헤라 제단에서 올림픽 성화가 채화된다. 거대한 돋보기를 통해 들어온 자연의 빛을 모아 만든 불은 여사제에 의해 올림피아의 경기장으로 옮겨지고 그곳에서 첫 번째 성화 주자에게 건네진다.

프락시텔레스, 〈어린 디오니소스를 안고 있는 헤르메스〉
기원전 4세기, 대리석, 2.10m, 올림피아 고고학박물관

프락시텔레스의 헤르메스

헤라 신전에서 발굴된 것들 중 가장 유명한 것으로는 〈헤르메스〉상을 들 수 있다. 로마 시대 파우사니아스가 기록한 바, 프락시텔레스Praxiteles 작품으로, '헤르메스가 어린 디오니소스를 들고 있는' 조각상이 신전에 있었다고 하지만, 분실되었다가 신전 발굴과 함께 빛을 보게 되었다. 누드의 헤르메스는 자신의 왼팔로, 겉옷을 걸어둔 나무 기둥을 딛고 선 어린 디오니소스를 감싸 안고 있다. 헤르메스의 오른쪽 팔꿈치 아래가 사라져, 대체 무엇을 들고 있기에 어린 디오니소스가 깊은 관심을 보이는지 알 수는 없지만, 어쩌면 포도송이가 아니었을까 싶다. 훗날 당당한 술의 신으로 성장할 디오니소스를 유혹하기엔 포도만 한 게 없을 테니 말이다. 프락시텔레스는 기원전 4세기에 활동했던 조각가로, 고대 그리스 조각 미술사에서 빼놓을 수 없는 인물이다. 그가 활동하던 당시 미술의 경향은 이상주의적 자연주의로, 신의 탈을 쓴 인간의 몸을 가능한 자연스럽고 사실적으로 정교하게 묘사하는 것이었다. 당시 조각상들은 8등신, 9등신으로 이상화되어 있어, 가히 신의 몸매를 하고 있었고, 슬픔이나 분노 따위의 격정보다는 온화하고 차분하며, 귀품을 잃지 않는 다소 냉랭한 표정이 대부분이다. 프락시텔레스의 헤르메스 역시, 19세기의 미학자 빈켈만(Johann Joachim Winckelmann, 1717~1768)이 찬양하는 '자세와 표정에서의 고귀한 단순성과 고요한 위대성'을 가진 그리스 미술의 특징을 압축해서 보여주는 듯하다.

필리페이온

한편, 헤라 신전 앞쪽의 둥근 건물터는 알렉산더 대왕(Alexander the Great, 재위 기원전 336~기원전 323)이 아버지 필리포스 2세(Philip II of Macedon, 재위 기원전 359~기원전 336)를 위해 지은 일종의 사당이다. 스스로는 그리스인임을 자부했지만, 정작 그리스의 도시국가들 사이에서는 언어가 다른 외국인으로 불려졌던 마케도니아의 알렉산더 대왕은 제왕다운 패기로 신의 영역 알티스에 인간의 업적을 찬양하는 공간을 세우는 무례함을 범한 것이다. 그리스의 도시국가들이 죄다 모여드는 행사가 치러지던 올림피아에 하필 선왕을 위한 공간을 마련한 것은 이제 마케도니아가 그리스를 지배한다는 사실을 만천하에 선전하기 위해서이다. 기원전 338년, 테베와 아테네를 중심으로 하는 그리스 연합군은 필리포스 2세가 아들 알렉산더와 함께 참가한 카이로네이아 전투에서 패배, 그리스 전역을 마케도니아에 내주어야 했던 것이다. 아들 알렉산더가 한낱 인간을 위한 사당을, 신이 머무는 성스러운 곳에 짓는다한들, 그에 대고 함부로 불만을 표할 자는 감히 없었다. 필리페이온Philippeion은 이오니아식 기둥 18개가 둥글게 바깥 원을 그리는, 15m 지름의 원형 공간으로 다른 유적들과 마찬가지로 간신히 그 흔적만 간직하고 있을 뿐이다.

위 〈필리페이온〉, 4세기, 대리석, 조각가이자, 건축가인 레오카레스(Leochares, 4세기경)가 지은 것으로 알려져 있다.
아래 필리페이온의 복원도

Delphi

11

프롤로그

- Delphi
- Corinth
- Athens
- Olympia
- Mycenae
- Aegina
- Epidavros
- Cape Sounion
- Bassai
- Mystras
- Sparta
- Monemvasia
- Santorini
- Crete

아테네에서 델피로 가는 길
그리스의 스위스라고 하는 산악마을, 아라호바 마을을 지날 수 있다. 최근 애국남자국군과 애국여자의사의 달달한 애국과 사랑을 그린 드라마〈태양의 후예〉에 등장해 유명세를 탄 곳이다.

좌 **아라호바 시계탑**

우 **아라호바**

겨울 한철, 스키를 타기 위해 유럽인들이 많이 찾는다는 이곳은 비수기엔 적막감이 돌 정도였으나 최근 텔레비젼 드라마에 등장하면서 갑작스레 중국과 한국 관광객이 몰려들고 있다.

델피

파르나소스 산

파르나소스, 빛나는 바위

빛나는 바위 아래

'대지의 자궁'이라는 뜻을 가진 신탁의 도시 델피는 해발 2,500m에 육박하는 파르나소스 산의 남쪽 절벽 부분에 위치해 있다. 이 절벽 이름은 '파이드리아데스', "빛나는 바위"라는 뜻으로 남쪽 태양빛이 한창일 때 그 진가가 드러난다. 고대 그리스인들은 그 빛과 관련된 신, 바로 태양의 신이자 예언의 신인 아폴론의 신탁 하나를 듣기 위해 이 험한 산을 힘겹게 한발 한발 내딛으며 올라야 했을 것이다. 그리스의 각 도시국가로부터, 혹은 더 멀리서부터 신탁의 영험함을 체험하기 위해 모여든 이방인들이 며칠씩 혹은 몇 달씩 모여 지내며 정치, 사회, 경제 제반을 비롯해 문화적 정보를 공유했을 것이다. TV나 신문이 없었던 시절, 각처에서 온 사람들과 어울려 이런저런 이야기를 나누며 귀동냥이라는 걸 하다 보면 굳이 신탁을 듣지 않아도, 세상 돌아가는 이치에 밝아져 가까운 미래에 대한 적당한 예지력이 생길만했을 것이다. 어느 도시국가의 어느 지도자 성격이 어떻다거나, 어디에는 어떤 하천이 흐르고, 어떤 평야가 펼쳐지고, 어떤 곳에 어떤 인물이 지금 장안의 화제가 되었는지 등을 실제 그 도시 사람들로부터 듣고 나면, 뭔가 전략을 세울 때 용이하기도 했을 테니 말이다. 어찌되었건, 델피는 당시로서는 국제교류의 장이었을 것이다.

카스탈리아 샘

카스탈리아 샘, 그리고 세상의 중심

고대 그리스인들은 이 파르나소스 산이 세상에서 제일 높은 산이라고 생각했다. 제우스가 인간 세상에 환멸을 느껴 홍수를 내렸을 때 데우칼리온이 아내 퓌라와 함께 방주를 타고 있다 물이 빠지면서 제일 먼저 발견한 곳이 바로 이 파르나소스 산이었다.

이 산 절벽 한 구석에는 카스탈리아라는 샘이 있는데, 그 샘물이 하데스의 지하세계에서부터 흘러나온다는 말이 있다. 따라서 그 샘은 지하에서 어둠을 뚫고 만나게 되는 첫 광명의 지점, 말하자면 어둠과 빛이 만나고, 죽음과 삶이 만나는 지점이라 할 수 있다. 어쩌면 대지의 자궁을 연상케 하는 이 샘을 가진 델피는 그야말로 두 개의 대립된 것이 만나는 세계의 정중앙인 셈이다. 고대 그리스의 영토가 동서로 이탈리아 남부지방에서 터키 앙카라까지, 남북으로는 북아프리카의 리비아에서 마케도니아까지로 본다면 그리스인들에게 델피는 그저 관념상으로뿐 아니라, 실제로도 세계의 중심 좌표에 놓여 있었던 것이다.

한편 제우스는 자신이 지배하는 세상의 중심을 찾기 위해 독수리 두 마리를 각각 동쪽과 서쪽 끝에서부터 날려 보냈는데 이 둘이 하늘을 날다 만난 지점이 바로 파르나소스 산 정상이었다 한다.

세계의 배꼽시계, 옴팔로스

배꼽, 곧 세상의 중심

아이를 낳는 족족 삼켜버리는 크로노스의 눈을 피해 막 태어난 제우스를 감춘 레아는 돌멩이를 보자기에 싸서 남편에게 건네주었다. 크로노스는 그것도 모르고 주는 대로 꿀꺽 삼켜버린다. 훗날 제우스가 건네준 구토제를 먹은 크로노스가 제일 먼저 토해 낸 것은 가장 나중에 먹은 그 돌멩이였다.

미케네 문명 시절인 기원전 14세기에서 기원전 11세기, 델피에 살던 사람들은 가이아와 피톤을 섬기고 있었다. 그러다 기원전 11세기에서 기원전 9세기경, 아폴론을 섬기는 또 다른 무리들이 들어서면서 아폴론의 신탁소가 들어섰다. '신의 말을 받을 수 있는 장소'인 '신탁소'가 있다는 것만으로도 이미 델피는 고대의 모든 것을 다 가진 셈이었다. 세상 돌아가는 일이 인간의 의지가 아닌 신의 뜻이라 믿는 경향이 클수록 이런 도시의 입지가 강할 수밖에 없다.

델피가 하필 신탁의 중심이 된 것은 제우스의 독수리가 찾아낸 세상의 중심이 바로 이곳 파르나소스 산 중턱 어디쯤이었다는 것 때문이다. 그 세상의 중심에는 '세계의 배꼽', 즉 '옴팔로스 omphalos'라는 돌이 놓여 있었는데, 바로 크로노스가 제일 먼저 토해냈다는 그 돌이라는 말이 있다. 옴팔로스가 있던 자리가 바로 아폴론 신전 내부의 어딘가라는 말이 있지만, 그 정확한 지점을 알 수 없어서인지 델피 성소내 몇 군데에 그 복제품을 얹어 놓았다. 누런 빛의 바위에 댓줄처럼 보이는 문양이 새겨져 있는 옴팔로스는 현재 델피 박물관에 보관되어 있다. 물론 이 역시 크로노스가 토해낸 것이 아니라, 기원전 4세기에서 기원전 3세기에 만든 것을 로마 시절에 복제한 것이다.

세계의 배꼽, 옴파로스

"내가 찾아온 이곳은 델피 땅으로, 포이보스("빛이 나는 자"라는 뜻으로 아폴론을 부르는 다른 이름)는 이곳에 있는 대지의 배꼽에 앉아 신탁을 노래함으로써 사람들에게 현재사와 미래사를 늘 예언해주곤 하지."

에우리피데스의 「이온」 중에서

신의 말씀으로 곳간 채우기

제우스는 이곳에 사랑하는 아들 아폴론을 살게 했고, 그로 하여금 인간과 신을 잇는 신탁을 사제의 입을 통해 내리도록 허락했다. 그때부터 고대 그리스인들은 개인적인 일부터 자기가 사는 도시의 흥망에 관한 모든 것에 대해 신의 말씀을 듣기 위해 찾아왔다. 여사제 혹은 무녀 등으로 해석되는 피티아는 월계수와 보릿가루를 태운 후 지하로 내려가 다리가 3개인 의자에 앉았다. 그리곤 땅 깊은 곳에서 올라오는 김을 들이마신 뒤, 제물을 들고 와 신탁을 듣고자 하는 이에게 신의 뜻을 전했다. 신탁의 댓가로 받은 엄청난 재물이 델피 땅에 쌓이기 시작했다. 그러자 자연스레 신탁보다 더 현실적인 방법으로 생의 문제를 해결하려는 도적들이 재물 냄새를 맡고 모여들었다. 도처에서 돈이 몰려드는, 그리하여 누구라도 탐낼 수밖에 없는 도시 델피를 아예 자신의 도시로 삼고자 하는 이들이 끊임없이 전쟁을 일으켰다. 로마제국은 델피를 접수하자마자 무수한 보물들은 죄다 약탈해서 로마로, 그리고 콘스탄티노플로 자리를 옮겼다. 기독교 정신이 철저한 테오도시우스 황제에 의해 381년 신탁소가 문을 닫을 때까지 델피는 아폴론 신의 말씀으로 세속의 곳간이 채워지는 기적의 도시로 군림했지만, 중세 이후부터는 약탈과 파괴가 가속되었다. 델피는 19세기 말, 프랑스의 한 고고학자가 아니었다면 영원히 신화 속으로 사라졌을 것이다.

용용 죽겠지

제우스가 레토와 바람을 피고, 그도 모자라 아이까지 임신한 걸 알게 된 헤라는 피톤을 시켜 레토를 괴롭히게 했다. 피톤은 가이아가 혼자서 만든, 용(또는 뱀)의 형상을 한 괴물이다. 피톤은 나름대로 레토가 낳은 아이에 의해 목숨을 잃을 것이라는 신탁을 받은 터였다. 레토는 피톤을 피해 아이 낳을 장소를 찾아 헤매다 델로스 섬에 이르게 되지만, 아흐레나 진통만 거듭할 뿐이었다. 이 고약한 일 역시 헤라가 해산을 주관하는 여신을 잡아놓고 있어서였다. 보다 못한 제우스가 손을 써 해산의 여신을 데려다 놓자, 레토는 무릎을 꿇은 채 아폴론과 아르테미스 두 쌍둥이를 낳게 된다.

　델피는 원래 대지의 여신 가이아가 주인으로 아들인 피톤이 대신 다스리고 있었다. 그러나 대 홍수 뒤 아폴론은 피톤을 활로 쏘아 죽이는데 델피에서 워낙 악행을 서슴지 않았던 용 피톤을 제거하는 일이 정의롭기도 했거니와, 과거에 자신의 어머니 레토를 괴롭혔던 것에 대한 복수이기도 했다. 용용 죽겠지 이후 아폴론은 여사제에게 신탁을 전하도록 했고, 피톤의 이름을 딴 피티아pythia로 불렀다. 여사제 노릇은 젊은 처녀들만이 할 수 있었으나 납치 성폭행 당하는 일이 벌어지자 50세 이상의 기혼녀만 그 자격을 가질 수 있었다는 말이 전해지는데, 첫 피티아가 피톤의 아내였다는 이야기도 있다.

레오카레스, 〈벨베데레 아폴론〉
기원전 330년의 청동상을 로마 시대에 대리석으로 복제, 바티칸
피톤을 물리친 아폴론의 모습으로 벨베데레(Belvedere) 궁전에서 발견된 연유로 벨베데레 아폴론이라 부른다.

좌 **톨로스**
우 **아테나 프로나이아의 모습.**
 톨로스 왼쪽으로 맛살리아 보물창고가, 오른쪽으로는 아테나 주신전이 있었다.

아테나 프로나이아

언덕 가까운 쪽에 아폴론을 모시는 성역이 있다면 아래쪽에는 아테나 여신을 모시던 성역이 있다. 이를 아테나 프로나이아athena pronaia라 하는데 프로나이아는 "신전 앞(pro: 앞에, naos: 신전)"이라는 뜻으로, 이곳 델피의 주신인 아폴론 신전에 이르기 전에 만나게 되는 아테나 관련 성소 정도로 해석할 수 있다. 아테나 프로나이아에는 원형의 신전 '톨로스'를 중심으로 아테나 주신전과 맛살리아(마르세이유)의 보물창고 등이 양쪽에 포진해 있었고, 이밖에도 작은 규모의 신전과 또 다른 보물창고도 함께 했다. 안타깝게도 대부분 무너져 내리고 파괴되어 그 잔해만 가득하다. 원형의 아름다움을 자랑하는 톨로스Tholos는 현재 기둥 3개만 간신히 남아 있지만, 원래 20개의 도리아식 원형기둥이 외부를, 그리고 13개의 코린트식 기둥이 벽체에 반쯤 붙은 채 감싸고 있었다. 기원전 4세기경에 지은 것으로 추정되는 톨로스는 아직도 누구를 위한, 혹은 무엇을 위한 공간인지 그 정체가 밝혀지지 않았다.

아테네 보물창고

아테네의 보물창고

유적지 입구, 이른바 신성한 지역의 입구부터 아폴론 신전에 이르는 소위, '신성한 길Sacred Way'을 따라 각 도시국가들은 보물창고나 기념비 등을 세웠고 봉헌물을 바쳤다. 주로 전쟁의 승리를 기원하거나, 감사의 표시, 신탁에 대한 대가 등이 이유였지만, 한편으로는 각 도시국가들이 서로의 세를 과시하기 위한 방편으로 사용되기도 했다. 물론 이들은 후세인들에 의해 철저하게 약탈, 유린당했다.

기원전 480년경, 아테네 역시 델피의 이 신성한 지역에 도리아식 기둥 2개짜리의 앙증맞은 보물창고를 만들었다. 페르시아로부터 세 번째 침략을 받은 아테네는 속수무책의 상태에서 델피로 와 신탁을 구했다. 그리고 "제우스께서는 그대에게 나무 성벽teichos xylinon을 주실 것인즉, 이 나무 성벽만이 파괴되지 않고 그대와 그대의 자식들을 도와주게 되리라"는 신탁을 받게 되는데, 원래 신탁이라는 것이 애매모호하기 짝이 없어서 대부분 저 좋은 대로 해석하기 마련이다. 그 때문에 결과가 아무리 안 좋게 나와도 그것은 신이 잘못 판단했거나 피티아가 실수로 잘못 전달한 것이 아니라, 그 신탁을 해석한 자의 몫으로 남게 된다. 어쨌건, 현명한 아테네인들은 나무 성벽을 '함선'으로 해석하여 아테네를 비우고, 살라미스 해전에 총력을 기울여 전쟁에서 크게 승리할 수 있었다. 아테네는 그에 대한 감사의 뜻으로 엄청난 양의 봉헌물과 페르시아군을 무찌른 뒤 획득한 전리품을 다수 싣고 와 보물창고를 가득 채웠다. 현재 아테네의 보물창고는 20세기 초에 복원된 것이다.

〈낙소스의 스핑크스〉, 높이 222cm, 넓이 135cm, 대리석
델피 고고학박물관

낙소스의 스핑크스

델피의 박물관에는 이리 저리 약탈당한 폐허 속에서 어쩌다 운 좋게 살아남은 보물급 유물들을 소장 전시하고 있는데, 그중 가장 인기 상종가인 작품으로 기원전 570년에서 기원전 560년에 제작된 것으로 추정하는 낙소스의 스핑크스를 들 수 있다. 에게 해, 키클라스 제도의 부유한 섬, 낙소스인들이 봉헌한 기념물로 여자 얼굴에 날개 달린 사자의 몸을 한 스핑크스는 높이가 2m가 넘는다. 게다가 이 스핑크스를 받치고 있는 이오니아식 기둥은 무려 12m를 넘어섰다고 하는데, 신성한 길을 따라 올라오던 이들은 한눈에 이 기념물의 존재에 압도당했을 것이다. 기둥 아래에는 기원전 328년경에 새겨진 글귀가 남아 있는데, 낙소스가 신탁을 가장 먼저 받을 수 있는 특권이 있다는 내용이다. 그리스 신화의 신들도 재물 앞에서는 역시나 속수무책이었던 모양이다.

시빌의 바위

시빌의 바위

기괴한 모양의 돌은 아마도 산 어딘가에서 우연히 굴러 떨어진 돌이었을지도 모른다. 그러나 그리스인들은 크건 작건, 의미의 씨줄들을 상상의 날줄과 엮은 뒤 신화로 자아서 역사라는 옷을 짓는다. 이 바위는 그들에 의하면 가이아 여신의 성소로, 아들인 피톤이 신탁을 내리던 곳이었다. 그러다 예언자 시빌이 아폴론의 신탁을 내리던 장소로 바뀌었다.

   신은 피티아에게 오로지 신의 생각만 할 것을 요구했다. 피티아는 그저 신의 말을 전하는 입술과 성대에 불과했다. 따라서 피티아는 신탁을 받는 자들의 물음에 일일이 대꾸할 이유가 없었다. 수수께끼 같은 말에 대한 판단은 결국 의뢰인의 몫이었다. 때론 좋은 결과를 낳기도 했지만 항시 그런 것은 아니었다. 페르시아와의 전쟁을 앞둔 리디아의 왕 크로이소스(Kroisos, 재위 기원전 560년경~기원전 546)는 델피의 신탁에서 "전쟁을 하면 대국을 멸하게 되리라"라는 말을 듣고는 선제 공격을 감행했다가 패망하고 말았다. 신탁이 말한 '대국'이 페르시아가 아니라 자신이 다스리는 리디아였던 것이다. 역사가 헤로도토스가 남긴 『역사』에 의하면 크로이소스는 14년간 통치했고, 14일간 포위되어 있었고, 결국 포로가 되어 14명의 젊은이들과 함께 불에 타 죽었다고 한다.

아폴론 신전

성스러운 길 끝자락으로 오르다보면 아폴론 신전에 이른다. 신전은 기원전 650년경에 나무로 지어졌다가 화재로 전소되었더랬다. 기원전 510년경에 재건되었지만 지진으로 몇 차례 무너지길 반복했다. 현재 우리가 그 터를 보고 미루어 짐작하는 신전은 기원전 330년에 완성된 것이다. 6개의 도리아식 기둥만 남아 있지만 각기 다른 바위들을 정교하게 짜 맞추어 만든 축대는 지진을 견뎌낼 만큼 튼튼하게 지어져 기원전 사람들이 새겨 넣은 지혜의 문장들을 300여 개나 품을 수 있었다.

신전 내실에는 황금으로 만든 거대한 아폴론 상이 있었지만 로마군이 약탈해갔고, 바로 그 아래 지하에 아마도 '옴팔로스', 즉 '세계의 배꼽'이 놓여 있었으리라 추정한다. 피티아는 신전 깊숙한 곳, '아디톤(adyton, 지성소)'이라고 부르는 곳 의자에 앉아 바닥 갈라진 틈 어디선가 올라오는 성령, 즉 프네우마pneuma를 마신 상태에서 월계수 나뭇가지를 흔들며 거의 무아지경으로 접신했다. 학자들은 델피 지역이 교차단층 지역이라는 점을 들어 아래에서 올라오는 증기에 탄화수소와 에틸렌 등이 포함되어 있으며, 이를 마시면 일종의 환각 상태에 빠질 수 있었을 거라 보기도 한다. 어쨌건, 현재로서는 신전 훼손 정도가 심해 그 아디톤이라는 곳의 정확한 위치도, 그 프네우마가 올라오는 갈라진 틈도 알 수가 없다. 신전 어딘가에 새겨져 있었던 '너 자신을 알라'라는 말은 훗날 소크라테스가 인용하면서 유명해졌다.

위 〈아폴론 신전〉, 기원전 510, 23.82×60.32m
아래 아폴론 신전의 축대

델피 극장

천 명이 입장할 수 있는 이 극장은 에피다우로스(p.245 참조) 극장만큼 소리의 울림을 제대로 전달하여 마이크가 없던 시절도 무대에서 나오는 소리가 관람석 끝까지 전해질 수 있었다고 한다. 보기에는 폐허 같지만, 그나마 보존이 잘 된 상태라 아직도 여름철에는 연극이나 연주회를 공연하고 있고, 이 무대에 선 것을 최고의 영광으로 생각한다. 첩첩산중에 이 정도 규모의 극장이 지어졌다는 것도 경이롭지만, 관람석 꼭대기에 앉아 내려다보는 델피 성소의 전경과 그 너머를 내려다보는 것도 고혹적이다. 태양마차를 타고 신나게 지구 밖으로 박차고 나갔던 아폴론이 그곳 생활이 슬

델피 원형 극장

슬 지겨워져 다시 이곳 델피를 찾았다고 생각해보라. 그는 아마도 이 극장 꼭대기 어딘가에 서서 자신의 말 한마디를 목숨 놓고 기다리는 미생의 인간들이 저마다의 사연을 안고 서성이던 모습을 물끄러미 쳐다보고 있었을 것이다. '아모르 파티Amor Fati', 운명을 사랑하라고 하였던가. 그 어떤 인간도 운명에는 패배할 수밖에 없다. 신탁은 늘 이루어졌다. 그 누구도 신의 예언에서 빗겨날 수는 없었다. 영웅은 늘 질 수 밖에 없으면서도 부단하게 신의 뜻에 저항했고, 저항할 수 있는 삶 자체, 그 운명을 사랑했다.

델피 경기장

델피의 스타디온

델피에서는 고대 그리스 세계에서 올림피아 다음으로 주요한 제전이었던 피티아 제전이 열렸다. 기원전 8세기부터 8년마다, 기원전 582년부터는 4년마다 열린 이 제전은 로마제국에서 기독교가 공인된 후에도 여전히 신탁이 활발했던 곳이니만큼 서기 424년까지 지속되었다. 초기에는 음악 경연을 주로 하다가 점차 올림픽 경기의 운동경기 종목이 추가되었다. 피티아 제전은 아폴론이 피톤을 처치한 뒤, 그 어머니인 가이아의 분노를 가라앉히기 위해 시작된 것이니만큼 피톤을 물리친 기념이 아니라, 피톤을 잃은 가이아에 대한 위로 공연으로 보는 게 옳다는 주장도 있다.

경기를 치르기 위한 스타디온stadion은 이곳 델피에서 가장 하늘 가까운 곳에 위치해 있다. 신성한 길을 지그재그로 오른 뒤, 가파른 원형극장을 돌아올라 정상에 이르면, 더 이상 뗄 힘도 없을 것 같은 지점에 떡하니 만들어놓은 경기장이 신비로울 정도이다. 스타디온은 기원전 5세기경에 만들어졌지만 완전히 무너져 내린 것을 서기 2세기경, 아테네의 헤로데이온 극장 재건축에 큰 돈을 썼던 헤로데스 아티쿠스(Herodes Atticus, 101~177)가 사비를 보태 재건축하면서 관람석 등을 넓히고 출입문도 재정비하였다.

아라호바

Sparta

12

스파르타

타이게투스 산

현재 올리브 나무만 무성한 스파르타의 옛 유적지 저 너머 서쪽녘에 약 2400m 높이의 타이게투스 산맥이 보인다. 스파르타의 동쪽은 1900m 높이의 파르논(Parnon) 산맥이 있다.

라케다이몬

그리스 남부, 라코니아Lakonía 지방을 다스리던 왕으로 펠로폰네소스 반도 중앙을 흐르는 에우로타스Eurotas 강의 신, 에우로타스에게는 스파르타라는 이름을 가진 딸이 있었다. 스파르타는 제우스가 타이게테라는 님프와의 사이에서 낳은 라케다이몬과 결혼, 제우스의 며느리가 되었다. 원래 타이게테는 처녀의 신 아르테미스를 따르며 평생 처녀로 살 것을 맹세한 터였지만, 멀쩡한 여자 울리는 재주에 통달한 올림포스 신 중에서도 가장 대왕급인 제우스가 호시탐탐 그녀를 노렸다. 아르테미스는 그녀를 지켜주기 위해 암사슴으로 변신시켜 주기까지 했지만, 제우스는 결국 그녀를 겁탈했고, 라케다이몬을 낳았다. 분노와 수치심에 떨던 타이게테는 이 더러운 세상이 싫어져 큰 산 뒤로 숨어 버렸는데, 그 산이 바로 타이게투스Taygetus 산이다.

에우로타스에겐 아들이 없어 라코니아 지방의 통치권을 사위 라케다이몬에게 넘기는데, 그는 즉위하면서 나라 이름을 자신의 이름으로 바꿔 라케다이몬이라고 부르고, 그 나라 사람들을 라케다이몬 족이라 부르게 되었다. 그리고 라케다이몬 왕국의 중심 도시는 아내의 이름을 따서 스파르타라 부르게 되었다. 따라서 라케다이몬은 국가의 공식 명칭이고 스파르타는 라케다이몬의 중심 도시라 할 수 있지만, 오늘날에는 스파르타라는 이름이 우리에겐 더 익숙하다.

〈투구를 쓴 스파르타인 또는 레오니다스〉, 기원전 5세기경, 대리석
스파르타 고고학 박물관

전사의 이미지, 스파르타

스파르타는 우리에게 남긴 그 이름자에 비해 남아 있는 유적의 규모가 초라한 편이다. 절정의 날은 짧고, 파괴의 역사는 길었기 때문일까? 중세에는 인근, 미스트라스가 성채를 짓는다는 명목하에 스파르타의 견고하고 육중한 몸을 허문 뒤 뼈와 살이 되던 석재들을 죄다 옮겨가버려 피투성이로 남기더니, 근대에 오면서는 기진맥진 방치된 스파르타를 살리겠노라며 미스트라에 칼을 대기 시작했다. 이처럼 스파르타와 미스트라는 서로의 몸을 뺏으며 일구어졌다.

고대 그리스인들이 살던 곳은 크게 다섯 군데로 나눌 수 있다. 먼저 아테네가 있던 아티카 반도, 두 번째로 스파르타의 펠레폰네소스 반도, 세 번째가 에게 해 연안의 여러 섬들, 네 번째로 현재 터키의 서쪽 해안 지역, 그리고 마지막으로 다섯 번째가 이탈리아 남부와 시실리 등이다. 아티카 반도의 주요도시에 해당하는 아테네는 이오니아식의 그리스어를 사용했고, 펠로폰네소스 반도의 스파르타는 도리아식 그리스어를 쓴다. 역사 학자들은 우리가 아는 스파르타는 과거 북쪽에서 내려온 도리아인들이 원주민인 라코니아인을 물리친 뒤 세운 나라로 추정한다. 아테네 하면 부드럽고 온화하며, 무엇보다도 민주제라는 어감이 주는 평화와 안정감이 느껴지는 데 비해, 스파르타는 대한민국 학원가에서 가장 사랑하는 용어 '스파르타식'이라는 말을 낳은, 그야말로 엄격한 교육과 전사 이미지가 강하다.

프랑수아 부셰, 〈목욕을 마친 아르테미스(디아나)〉, 1742, 캔버스에 유채
56×73cm, 파리 루브르 미술관

아르테미스, 로마의 디아나 여신과 동격인 그녀는 '처녀들'의 수호신
이다. 달의 여신인 그녀는 머리 위에 초승달 모양의 장식을 달고 있는
데, 한편으로는 사냥의 여신이기도 해서 화면 오른쪽 귀퉁이에 사냥
물들을 그려넣었다.

아르테미스

스파르타는 아르테미스를 수호신으로 삼았다. 레토가 제우스와 사랑에 빠져 임신을 하자, 이를 질투한 헤라는 갖은 방법으로 레토의 해산을 방해했지만, 제우스의 도움으로 마침내 델로스에서 아르테미스와 아폴론을 낳았다. 아르테미스는 태어나자마자 엄마 레토가 아폴론을 낳는 것을 도왔다고 한다. 이 조숙한 경력 덕분일까, 아르테미스는 출산의 여신이 된다. 또한 그녀는 쌍둥이 남동생, 아폴론이 태양의 신 노릇을 하는 동안 달의 여신 역할을 한다. 아버지의 총애를 듬뿍 받은 그녀는 활과 화살, 사냥개, 자신과 함께 어울려 지낼 요정들을 선물 받았고, 무엇보다 평생 처녀로 살 권리를 얻게 되었다. 때문에 아르테미스는 사냥의 여신으로, 또 한편으로는 아이 낳는 여자를 돌보는 '처녀'라는 다소 애매해 보이는 여신으로 여겨졌다. 스파르타에서는 오랫동안 숭배해 오던 오르티아라는 신을 이 아르테미스와 동격으로 보았기에, 아르테미스 오르티아Artemis Orthia라고 불렀다.

스파르타의 유적지

역사가 투키디데스는 『펠로폰네소스 전쟁사』에서 "라케다이몬인들의 도시가 폐허가 되고 신전과 건축물의 기초만 남았다면, 오랜 세월이 흐른 뒤 후세 사람들은 아마 그들에게 과연 명성만큼의 실력이 있었는지 의심하게 될 것이다"라고 말한 바가 있는데, 과연 완전히 바스라져 사라진 듯한 스파르타의 유적지를 보고 있노라면, 스파르타가 정말로 존재하기나 했던 도시였나 의심이 갈 정도이다.

헤일로타이

스파르타가 아테네에 비해 다소 잔인하다는 인상을 주는 데는 충분한 이유가 있다. 우선 스파르타 사회 구성원은 스파르타 시민권자, 페리오이코이perioikoi, 그리고 헤일로타이heilotai로 이루어져 있었다. 스파르타 시민권을 가진 이들은 전쟁에서 무훈을 세운, 일종의 전사 귀족 출신이다. '페리오이코이'와 '헤일로타이'는 스파르타라는 나라가 세워지던 시절, 정복당한 지역에 살던 원주민 부류로 생각할 수 있는데, 페리오이코이는 그나마 사유재산을 가질 수 있는 자유민으로, 비록 정치적인 권한은 없었지만 스스로를 '스파르타인', '라케다이몬인'이라 칭할 수 있었다. 문제는 헤일로타이이다. 헤일로타이는 "포로"를 의미하는데, 스파르타가 이웃 메세니아Messenia를 정복하면서 급작스레 늘어난 노예들이다. 스파르타 시민들은 헤일로타이를 가혹하게 대했다. 개 가죽으로 만든 옷을 입히고, 죄 없이 연중 일정량 매질을 했고, 심지어 날짜를 정해 학살하기까지 했는데 이는 헤일로타이의 수가 자신들을 위협할 정도로 늘어나지 않도록 조정하기 위해서였다. 스파르타인들은 자신들이 벌인 전쟁에 동원되어 혁혁한 공을 세운 헤일로타이들 1천여 명이 그 대가로 약속한 해방을 요구하자 신전에 몰아넣고 죽여 버렸고, 언제고 스파르타에 위협을 가할 사람이라 생각되면 일종의 비밀 정보원을 시켜 쥐도 새도 모르게 제거하기도 했다.

작가 미상, 〈달리는 소녀〉, 청동, 11.4cm, 기원전 500년경
런던 대영박물관

헤라를 위한 경기, 헤라이아에서 달리기 하는 여성의 모습으로 그리스 여행기 파우사니아스의 묘사와 일치하는 조각상이다. 파우사니아스가 묘사하는 헤라이아 참가 여성 선수들의 옷차림은 "머리는 길게 늘어뜨리고 치마 즉 튜닉은 무릎 위까지, 오른쪽 어깨는 거의 가슴까지 드러낼 정도"였다.

고대 그리스 사회에서 여성들의 운동경기는 달리기에 국한되어 있었다. 그러나 스파르타 여성들은 레슬링, 투원반, 투창 등의 운동을 장려했다고 전한다.

스파르타의 여성

미남미녀들의 천국

여성의 지위야 고대 시절, 어디를 막론하고 형편없기 마련이다. 스파르타는 남성뿐 아니라, 여성들에게도 꽤 금욕적인 생활을 강요하였기에 여성들의 화장이나 향수 사용, 또 장신구 착용도 금지되었다고 한다. 그래서인지 어떤 역사가는 스파르타 여성들은 남자처럼 머리를 짧게 자른다고 전한다. 그럼에도 불구하고 트로이의 왕자를 반하게 한 미녀 헬레네가 스파르타 출신인 걸 보면, 스파르타 여자들이 특별히 예뻤다는 소문이 그저 소문만은 아니었던 듯하다. 기원전 2세기경의 저술가 헤라클레이데스Heraclides는 일찍이 '세상에서 가장 잘 생긴 남자들과 가장 아름다운 여자들은 스파르타 출생'이라 말한 바가 있다. '의느님'이 없던 시절 변신술(?)마저 금지되었던 터, 이 정도 평가를 받는다면, 과연 스파르타는 선남선녀들의 천국이었을 성 싶다.

스파르타는 여성 또한 전사로 만들기 위해 체력단련을 장려하여 달리기, 레슬링, 투원반, 투창 등의 격렬한 운동을 했다고 한다. 플루타르코스의 말대로라면 스파르타의 젊은 여성들은 나체로 운동하고 행진도 했는데, 진위 여부는 가릴 수 없지만, 이는 소심하고 부끄럼 많은 성격들을 버리게 하기 위해서였다. 이 정도라면 속박 속에서 꽃처럼 단장하고 남자의 가문을 이어줄 또 다른 남자를 낳는 걸로 만족하고 살아야 했던 타 도시국가에 비해서는 여성들의 권한이 상대적으로 강했을 거라는 추측이 가능하다.

드가, 〈운동하는 스파르타의 소년 소녀들〉, 1860년경, 캔버스에 유채
109.5cm×155cm, 런던, 내셔널갤러리

왼편의 스파르타 소녀들이 다소 도발적으로 소년들에게 레슬링 등의 시합을 제안한다. 뒤로 타이게투스 산이 보이고 이들이 연습삼아 운동하는 모습을 지켜보는 어른들이 무리지어 서 있다. 소년들은 전라로, 소녀들은 최소한만 가린 채이다.

강한 여성만이 강한 전사를 낳는다.

사실 스파르타는 그 호전적인 성격으로 인해 전쟁이 잦았다. 큰 전쟁을 치르고 나면 남자들의 숫자가 급격하게 줄어들기 마련이었는데, 결국 토지 등 재산의 2/5가 여성들의 손에 들어가게 되면서부터는 경주마 기르기, 값비싼 마차, 좋은 옷을 사는 데 낭비하고, 때론 나랏일에 깊숙이 개입하는 여성들이 속출하는 부작용도 생겼던 모양이다. 어쨌거나 플루타르코스의 『모랄리아Moralia』에서 소개한 것에 따르면, 아티카의 여성이 "스파르타 여성이 남성을 지배하는 유일한 여성들인 것은 무엇 때문인가요?"라고 레오니다스의 아내에게 묻자, "우리가 남성을 낳는 유일한 사람들이기 때문이죠"라고 말했다 한다. 확실히 스파르타의 여성이 다른 도시국가에 비해 더 강했던 이유는 강한 여성만이 강한 전사를 낳을 수 있다는 믿음이 그만큼 강했기 때문이다.

스파르타 거리의 모습

강한 자가 살아 남는다

지구별에 이런 나라도 다 있었나 싶지만, 스파르타는 아내가 훌륭한 아이를 임신하여 낳기 위해 다른 남자와 동침하는 것을 탓하지 않았다는 말도 있다. 튼튼한 아이를 낳으면 좋은 땅을 하사받을 수 있었고, 그렇지 않은 아이를 낳으면 당장 그 아이를 언덕에서 떨어뜨려 죽이는 나라였으니 이런 일이 가능했는지도 모른다.

스파르타인들은 '교육'이라는 말 대신 '아고게agoge', 즉 '훈련'이라는 말을 사용했다. 아고게는 '잘 훈련된 전사단의 유지'라는 단 하나의 목적을 위해서만 존재했을 뿐, 인성이나 지식 교육 등은 크게 고려하지 않았다. 대외적으로는 국가 방위력을 높인다는 것이 목적이었지만, 안으로는 학대에 가까운 가혹행위에 노출된 노예들의 반란을 진압하기 위해서였다.

스파르타의 아이들은 태어난 지 만 6년이 되면서부터 교육을 받기 시작해서 13살이면 아예 집을 떠나야 했다. 엉성한 잠자리에 한 겨울에도 홑겹의 옷만 겨우 걸친 소년들은 신발마저 제대로 신지 못했고, 형편없이 적은 양의 음식만으로도 살아남는 법을 배워야했다. 때로 소년들은 도적질까지 감행해야했는데, 그나마 들키기라도 하면, 훔치는 게 나빠서가 아니라 들키는 게 잘못된 일이라 해서 체벌을 받아야했다. 이렇게 '훈련'받은 소년들이 자라 스무 살이면 전투에 나가기 시작했고, 어린 소년들을 가르치는 역할을 담당했다. 24살에는 정식 군인이 되어 서른이 넘으면 진정한 의미의 스파르타 시민권을 가질 수 있었고, 결혼하여 단체에서 벗어나 자기 가정을 이룰 수 있었다.

레오니다스

레오니다스는 어떤 전투고 살아돌아올 생각 자체를 하지 않는 스파르타인이다. 그는 자신이 없는 동안 해야 할 일을 묻는 아내에게 "훌륭한 남성과 결혼하여 좋은 아이들을 낳으시오."라는 말을 남겼다고 한다. 페르시아 전쟁의 승리를 위해 레오니다스와 함께 싸우다 죽은 전사자들은 그리스의 영웅이 되었고 후대의 시인은 비석에 그들을 위한 시를 담았다.

그대, 지나가는 이여.
가서 라케다이몬 사람들에게
우리가 조국의 명령에 복종하여 여기 누워 있노라고 전해주오.

레오니다스

레오니다스 1세(Leonidas I, 재위 기원전 490년경~480)는 클레오메네스 1세(Cleomenes I 재위 기원전 519~기원전 490) 왕의 이복동생이었다. 정신병을 앓아 오락가락 하던 클레오메네스는 가족들이 자신을 감금시키자 자해로 죽고 말았다. 후사 없이 죽은 형의 뒤를 이어 레오니다스는 왕위에 올랐고, 클레오메네스의 딸, 즉 조카를 왕비로 맞이했다.

기원전 480년 페르시아 전쟁 때, 그는 그리스 연합군 총사령관으로 그리스 북부 테르모퓔라이Thermophylai 전투에 참가했다. 이 전투를 앞두고 누군가가 "페르시아군의 수가 하도 많아 그들이 활을 쏘면 화살로 태양이 가려질 것"이라 전하자, 정작 레오니다스의 부하 한 사람은 "즐겁군요. 그들이 태양을 가려준다면 그늘에서 싸울 수 있겠네요."라 대답했다. 그만큼, 조국과 명예를 위해 목숨을 기꺼이 바칠 준비가 되어 있던 스파르타인들답게, 그들은 자신들을 희생해 그리스 연합군을 살리는 전략을 택했다. 레오니다스는 700명의 테스피아Thespia인, 400명의 테베Thebai인, 그리고 자신의 근위대 300인만 남기고는 나머지 그리스 연합군들에게 전원 후퇴 시킨 뒤 이틀 동안 꼬박, 애초에 숫적으로 도저히 감당이 안되는 페르시아 군과 전투에 임한다. 레오니다스의 계획대로, 전원 사망을 배수진으로 시간을 버는 동안 퇴각한 그리스 연합군은 다른 전투에 참가해 페르시아를 격파한다.

Mystras

10

미스트라스

- Delphi
- Corinth
- Athens
- Olympia
- Mycenae
- Aegina
- Cape Sounion
- Bassai
- Epidaurus
- **Mystras**
- Sparta
- Monemvasia
- Santorini
- Crete

몸은 동로마제국, 마음은 그리스

로마제국의 황제 콘스탄티누스(Constantinus I, 재위 306~337)가 그동안 박해하던 기독교를 공인(313년)하고 수도를 로마에서 비잔티움(Byzantium, 오늘날의 이스탄불)으로 옮긴 것은 제국의 동쪽 지역에서 양적으로나 질적으로 성장한 기독교인들의 힘을 더이상 무시할 수 없었기 때문이다. 황제는 자신의 이름을 따 수도를 비잔티움에서 콘스탄티노플Constantinople이라고 부르기로 했다. 그러나 수도 이전 이후, 로마제국은 서서히 분열 양상을 보였다. 그러다 결국 로마를 중심으로 하는 서로마제국과 콘스탄티노플을 중심으로 하는 동로마제국(수도의 이름을 따, 비잔티움제국으로도 부른다)으로 분열된다.(395년) 물론, 서로마제국, 동로마제국, 혹은 비잔티움제국이라고 하는 것들은 모두 후대의 사가들이 편의상 붙인 이름으로 그들은 모두 자신들이야말로 적법한 로마 제국의 적법한 후계자임을 자처했다.

서로마제국은 476년, 게르만 족에 의해 무너지고, 비잔티움제국은 그 후로도 1천여 년간 지속하다가 1453년 오스만투르크 족의 오스만제국에 의해 멸망한다. 오스만제국은 13세기 무렵, 소아시아의 작은 나라로 시작하였다가, 비잔티움제국과 남유럽 에게 해 일대 서아시아 북아프리카의 여러 국가를 정복, 유럽과 아시아 인근에서 가장 큰 힘을 과시하는 이슬람제국이 되었다. 18

Note

세기 이후 쇠퇴하여 영토를 상당 부분 상실하였고, 1922년 터키 공화국이 건국될 때까지 존속한다.

로마제국은 땅덩어리만 동·서 둘로 나뉜 것이 아니다. 기독교 역시 로마를 중심으로 하는 로만 가톨릭(서로마 교회 등으로도 불린다)과 콘스탄티노플을 중심으로 하는 비잔티움정교(동방정교, 혹은 그리스 정교 등으로 부른다)로 나뉘었다.(11세기) 라틴어와 그리스어로 각기 미사를 드리는 한 지붕 아래 두 가톨릭은 교리 해석을 비롯한 여러 가지 문제에서 서로 충돌하였고, 결국 영원히 등을 돌리게 된 것이다. 그리스 지역은 비잔티움제국에 속했다. 물론 비잔티움제국은 로마의 계승자임을 자처하는 로마제국의 후예임이 틀림없었으나, 내면적으로는 다분히 그리스적 기질이 강할 수밖에 없었다. 심지어 공식 언어조차도 처음에는 라틴어였지만, 그리스어로 바뀔 정도였다. 황제는 제국의 수도 콘스탄티노플에 주로 머물렀지만, 자신의 뒤를 이을 후계자를 비롯한 아들들을 그리스, 특히 펠레폰네소스 반도에서 가장 번창한 도시 미스트라스에 보내곤 했다. 15세기, 미스트라스는 당시 비잔티움제국에서 콘스탄티노플 다음으로 큰 도시였다

라틴제국

십자군 전쟁은 점차 세속의 땅따먹기로 변절되어 갔다. 1202년에 결성된 제4차 십자군 원정대는 주로 프랑스 북부에 살던 기사들로 베네치아에서 집결해 이슬람의 적지를 공략하기로 되어 있었다. 하지만 베네치아에 오기로 한 원정대의 규모가 예상보다 훨씬 작아졌다. 때문에 적지로 갈 수송 비용은 커녕, 베네치아 체류 비용조차 댈 형편이 못되자, 같은 기독교인의 도시를 치는 어처구니 없는 일까지 벌인다. 그러다 그들은 아버지를 장님으로 만들고 그 왕권마저 뺏은 삼촌을 응징해달라는 비잔티움제국의 알렉시우스 왕자의 제안에 넘어가 콘스탄티노플을 침략한다. 왕자가 약속한 꿀댓가는 그간 십자군원정대가 베네치아에 진 빚을 갚고도 남을 만큼의 돈, 지원군 1만 명, 그리고 갈라진 동서 교회를 통합하겠다는 것이었다. 마침내 십자군은 콘스탄티노플을 점령했고, 왕자는 알렉시우스 4세(Alexios IV Angelos, 1182~1204, 재위 1203~1204)라는 이름으로 왕권을 탈환했지만, 애초에 불가능해보였던 약속을 지킬 여력이 없었을 뿐만 아니라 알렉시우스 두카스 Alexius V Ducas 재위 1204년 2월부터 당해 4월)에 의해 살해당하기까지 한다. 이에 십자군은 콘스탄티노플을 약탈했고, 결국 비잔티움제국의 땅에 플랑드르 백작 보두앵 1세(Baudouin I, 재위 1204~1205)를 왕으로 새로운 세계, 즉 라틴제국(1204~1261)을 건설한다. 라틴제국은 1261년, 과거 비잔티움제국의 성직자들이 중심이 되어 세운 일종의 망명 정부라 할 수 있는 니케아제국(1204~1261)에 다시 콘스탄티노플을 뺏길 때까지, 60여 년간 계속되었다.

미스트라스로 올라가는 길, 멀리 꼭대기에 1249년 세워진 빌라르두앵의 성채가 보인다.

빌라르두앵

미스트라스는 바로 이 역사의 한가운데 존재했다. 펠레폰네소스 반도는 이제 베네치아인들과 프랑스 북부의 프랑크 족 기사들이 주도하는 라틴제국 치하에 놓이게 된다. 프랑크인들은 그리스 전역을 테살로니카, 아테네, 모레아 등의 봉건 왕국으로 나눠 가졌는데, 모레아는 펠로폰네소스 반도를 칭하는 것으로, 프랑크 족인 기욤 빌라르두앵(Guillaume de Villehardouin, 재위 1246~1278)이 전제군주가 되어 다스렸다. 빌라르두앵은 누구도 함부로 쳐들어올 수 없는 철통같은 요새가 될 수 있는 지역을 찾다 마침내 이곳 미스트라스에 이르렀고, 1249년, 아래로 멀리 멀리 스파르타가 내려다보이는 620m 높이의 언덕 위에 커다란 성채를 세웠다. 미스트라스는 바로 이 모레아의 중심도시로 건설된 셈이다. 그러나 10여 년 만에, 니케아제국의 황제로, 비잔티움제국을 부활한 미카일 8세 팔라이올로구스(Michael VIII Palaiologos or Palaeologus, 재위 1259~1282)의 칼에 백기를 들어야 했다. 포로 신세가 된 빌라르두앵은 미스트라스를 비롯하여 펠레폰네소스의 일부를 미카엘 8세에게 넘겨주고 간신히 목숨을 건졌다.

모레아를 지배한 마지막 전제 군주, 데메트리우스 팔라이올로구스는 1460년 미스트라스를 오스만투르크의 황제 메흐메드 2(Mehmed II, 재위 1444~1446)에게 양도했다. 그때부터 이곳은 투르크(현재의 터키)의 일부가 되었다가, 다시 베네치아의 지배를 받게 된다.

베노초 고촐리, 〈동방박사의 경배 중 남쪽 벽〉, 1459~1460, 프레스코
피렌체 메디치 리카르디 궁전 예배당

이탈리아 피렌체의 실세 메디치 가 저택 개인 예배실, 3면에 그려진 프레스코화의 일부이다. 원래 내용은 예수 탄생 소식을 듣고 이를 축하하기 위해 동방에서 온 3명의 왕이 베들레헴으로 가는 장면이지만, 베노초 고촐리는 당시 메디치 가문의 전적인 후원 하에 열린 동, 서 교회 공의회에 참가한 인물들을 그림 속 주요 인물들로 바꾸어 그렸다. 이 그림의 주인공격은 바로 요하네스 8세 팔라이올로구스이다.

게미스토스

미스트라스는 비잔티움제국에서 콘스탄티노플 다음으로 번성한 도시였다. 제국의 제2도시였던 만큼, 미스트라스는 비잔티움 학문과 문화의 요람과도 같은 곳이었다. 카잔차키스가 자신의 저서, 『모레아 기행』에서 많은 페이지를 할애해 소개하고 있는 신플라톤주의자인 철학자 게오르그 게미스토스 플레톤(Georges Gemiste Plethon, 1355~1452)은 생을 다할 때까지 이곳에 살면서 고대 플라톤의 사상을 기반으로 자신의 신앙과 철학을 펼쳐 놓았다. 그는 요하네스 8세 팔라이올로구스(Emperor John VIII Paleologus, 재위 1425~1448)를 보필하여 1439년 피렌체를 방문했다. 당시 피렌체의 거부로 정치적 실세이기도 했던 메디치 가문의 수장 코시모 메디치(Cosimo di Giovanni de' Medici)는 사비를 털어서 동과 서로 갈라진 교회를 화합코자 공의회를 피렌체에서 개최하였다. 결과는 기대 이하여서, 기대했던 화해는 불가능했다. 하지만 황제와 철학자가 비잔티움제국의 여러 지식인들과 더불어 피렌체를 방문한 것은 비잔티움의 발달된 선진 문물과 사상을, 이탈리아 반도에 전달하는 최고의 기회가 되었다. 메디치 가문은 그들의 자문을 구해, 공공 도서관을 세우고 연구기관을 설립하였으며, 희귀한 도서들을 적극적으로 필사하거나 사들였다. 덕분에 피렌체는 이탈리아 반도 중 가장 먼저 르네상스를 꽃피우게 된다. 르네상스는 "다시 태어나다"라는 뜻이다. 미스트라스에서 삶의 대부분을 보낸 게미스토스가 제 가슴 한 가득 심어두었던 그리스적인 것에 대한 애틋함은 피렌체로 이식되어 가장 아름답고, 가장 현명했으며, 가장 영광스러웠던 고대가 부활한 것이다.

미스트라스의 왕궁 건물은 세월을 두고 새로운 건물을 덧붙이는 형식으로 지어졌다. 13세기부터 시작, 15세기까지 지어진 왕궁은 현재 복원공사가 활발히 진행중이다.

미스트라스 궁전

미스트라스는 스파르타에서 남서쪽으로 5km만 가면 그 모습을 드러낸다. 겨우 790명이 모여 사는 그야말로 작은 마을이지만, 14~15세기경의 찬란했던 비잔티움 문화 유적을 산속 군데 군데 숨기고 있는 중세 끝자락의 보고와도 같은 곳이다. 미스트라스의 가장 높은 곳은 성채가 있었고, 그 바로 아래는 왕궁을 비롯, 귀족들의 거처와 왕실 교회 등이 있었다. 그리고 더 아래로는 수도원과 교회를 비롯한 관공서와 하급관료들의 주거지가 있고, 더 아래 산기슭에서는 일반 백성들이 살았다.

1259년 9월 펠라고니아 Pelagonia 전투에서 미카일 8세 팔라이올로구스에 의해 패한 뒤, 기욤 2세 빌라르두앵은 인근 모넴바시아와 이곳 미스트라스를 양도하는 것을 조건으로 풀려났다. 이제 미스트라스는 라틴제국 치하 모레아가 아닌, 비잔티움제국 치하 모레아의 행정중심지가 되었다. 아끼던 도시들을 담보로 풀려난 빌라르두앵은 모레아에 돌아오자마자, 충성 맹세를 철회했고 비잔티움제국에 반기를 들었다. 지리한 싸움이 이어졌지만, 대세를 거스릴 수 없었던 성채는 라틴의 것에서 비잔티움의 것으로 주인이 바뀌었고, 1460년에 이르면 새로운 침입자 오스만투르크의 이슬람 성채로 바뀌게 된다. 나프플리아 문 근처에 위치한 미스트라스 궁전은 적어도 3세기 이상, 이곳을 지배하는 자들의 영욕을 품어왔다. 현재는 공사중으로 궁전에 서서 아래쪽을 내다 보면, 탁 트인 그리스의 풍광이 한눈에 들어온다.

미트로폴리스 교회

인간을 그 모든 것의 척도로 삼았던 그리스인들은 그 동일한 열정을 신에게 퍼부었던 것인지도 모른다. 이 높은 산중에 성채를 두고 궁전을 짓고 집이 들어선 것도 신기하지만, 수도원과 교회의 숫자가 도시 규모에 비하면 넘치는 것도 신비롭다. 아침이면 그들은 맞은 편 아래를 내려다보며 기지개를 편 뒤, 좁다랗고 가파른 산길을 오르내리며 소박하지만 거룩한 교회 문을 연 뒤에 자신의 등을 좇아온 빛과 함께 실내로 들어가 일상에 늘 거하는 신을 영접하는 일로 하루를 시작하곤 했을 것이다.

성 디미트리오스St. Demetrios 교회라고도 부르는 미트로폴리스 교회는 비잔티움제국의 마지막 황제 디미트리오스 팔라이올로구스(Demetrios Palaiologos, 흔히 콘스탄티누스 11세로 불리운다)가 대관식을 치른 곳으로 유명하다. 그는 미스트라를 다스리는 군주였으나 콘스탄티노플에서 제국을 다스리던 형이 죽자 그의 뒤를 이어 황제에 즉위했다. 하지만 콘스탄티노플로 돌아간 뒤 4년 만에 제국은 오스만투르크 족의 손에 넘어간다. 교회와 박물관을 겸하고 있는 성 디미트리오스 교회는 대리석으로 된 바닥에 새겨진 비잔티움제국의 상징인 쌍두머리 독수리가 인상적이다. 동과 서를 향하는 독수리의 머리는 곧 세계 전체를 의미한다.

위 미트로폴리스 교회는 1291년에 지어졌다.
아래 미트로폴리스 교회의 대리석 바닥에 새겨진 비잔티움제국의
  상징인 쌍두머리 독수리

성채 쪽에서 성 소피아 교회를 향해 내려오다 보면
만나게 되는 아치 형태의 문

성 소피아 교회

옛스러운 느낌이 물씬 풍기는 벽돌 모양의 성 소피아 교회는 왕실 전용이었다. 아래로 왕궁터가 내려다 보인다.

판타나사 수도원

『모레아 기행』에서 카잔차키스는 판타나사(Pantanassa) 수도원을 '안뜰은 환히 빛났고, 작은 방들은 하얀 석회를 발라서 아주 깨끗했으며, 긴 의자들은 여인의 손에 의해 가지런히 정돈되어 있었다'라고 써놓았다. '여인의 손에 의해'라는 말은 이 교회가 특별히 수녀들 중심의 수도원이었기 때문이다. 카잔차키스가 이어서 한 말처럼, "우리의 악마 같은 복잡한 생활로부터 완전히 초월한 채 아주 평온하고 향기로운 곳처럼" 보이는 판타나사 수도원은 지금도 수녀들이 기거하고 있어 거주용이 아니라, 관람용인 다른 유적들과는 다른 '사람 냄새'가 난다.

좌 미스트라스의 작은 길들
우 판타나사 회랑을 통해 내려다 보이는 스파르타 평원

페리블레프토스 수도원은 1348년부터 1380년 사이에 완공되었다.

페리블레프토스 수도원

절벽에 몸을 기댄 수도원

페리블레프토스Peribleptos 수도원은 1348년부터 1380년 사이에 세워진 것으로 절벽에 교회 몸체를 잇댄 형태로 지어졌다. 교회의 벽과 천정은 14세기 후반에 그려진 프레스코화로 가득 차 있다. 세월이 지나면서 프레스코화들은 벽 자체에 남아 있던 소금기에 시달리는 데다가 매일 덮치는 바다 안개가 몰고 온 또 다른 소금기를 온 몸으로 흡수하면서 빠른 속도로 부식되었다. 『모레아 기행』에서 카잔차키스가 콘도글루라는 인물을 내세워 하는 설명에 의하면, 비잔티움 화가들은 두꺼운 물감 층으로 그림을 그리기에 그림이 조각처럼 튀어나와 소금이 내려앉기가 더 좋고, 따라서 부식이 쉽게 일어난다고 한다. 엎친 데 덮친 격으로 보다 못한 18세기 화가들이 이를 복원시키겠노라고 송진 유약을 바르는 바람에 시커멓게 변하기까지 했다. 그림들은 어둠속에 사라지고, 세상의 빛이어야 할 프레스코화들은 세상의 암흑이 되어버렸다. 그러나 최근 복원가들이 새로운 기술로 18세기의 검은 옷을 벗겨내기 시작했다. 현재는 가장 잘 보존된 14세기 그리스의 프레스코화로 알려지게 되었지만, 솔직히 말하면 복원이 제대로 된 건지, 아니면 더 망쳐버렸는지는 오직 그 그림을 육체의 눈이 아니라 정신의 눈으로 감상하셨을 거룩한 존재 한 분만이 알 수 있는 노릇이다.

위 작가미상,
〈판토크라토르가 그려진 돔〉, 14세기경
미스트라스 페리블레프토스 수도원

아래 〈판토크라토르〉, 700년경, 86×45cm
시나이산, 성 카타리나 수도원

인간이 아닌, 신을 위한 그림

비잔티움의 성화들은 오늘날 우리가 생각하는 자연스럽고 사실적인 그림들과는 거리가 있다. 당시의 화가들은 눈으로 보이는 육체가 아니라, 그 육체를 벗어난 영적 세계를 그리고자 했다. 즉 안 보이는 것을 그린 것이다. 교회나 수도원에 그려지는 그림들은 대부분 일정한 전통에 따라 그려졌는데, 중앙의 높고 둥근 지붕, 즉 돔 바로 아래에는 대체로 판토크라토르pantocrator라 하여 '전 우주를 지배하는 신'의 모습을 그렸고, 그 아래로 천사들, 더 아래로는 순교자나 교회에 큰 역할을 한 성인 성녀들을 그리곤 했다.

이 수도원 교회 중앙 돔(dome, 공 모양을 반으로 잘라놓은 것 같은 형태의 천정)에 그려진 판토크라토르도 그 전통을 좇고 있다. 동서로 교회가 분열된 이후, 서방교회는 좀 더 자유로운 형식으로 성화를 그리지만 동방교회 비잔티움에서는 비교적 옛 전통을 그대로 간직하는 경향이 있다. '판토크라토르'의 경우 긴 머리에 수염을 기른 장년층의 예수가 오른손으로 축복의 제스처를, 왼손은 복음서를 든 모습으로 그려진다. 14세기 페리블레프토스 수도원 교회에 그려진 판토크라토르를 700년경에 그린 그림과 비교해도 크게 달라보이지 않는다. 비잔티움 성화들은 작가의 개성 운운하는 인간적 잣대가 별로 중요하지 않았다. 그들은 그저 전 우주를 지배하는 신이 8세기건, 14세기건, 아니 30세기건, 늘 한결같은 모습으로 우리 안에 존재해왔고, 할 것이라는 사실과 그에 대한 믿음만이 소중할 뿐이다.

Monemvasia

14

그리스 여행

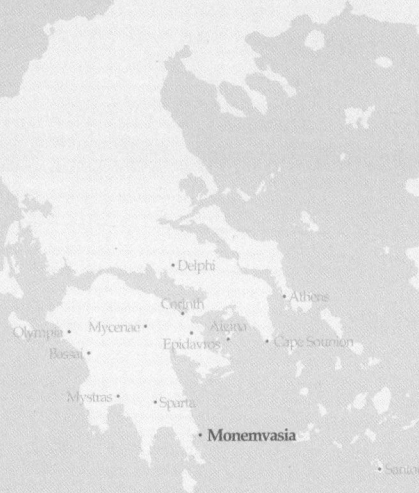

모넴바시아 가는 길. 왼편으로 육지와 모넴바시아를 잇는 길이 보인다.

단 하나의 입구

펠레폰네소스 반도 동쪽에 위치한 작은 섬 모넴바시아Monemvasia는 원래는 육지였으나, 375년경 지진으로 인해 떨어져나가 섬이 되었다. 6세기경부터 사람이 모여 사는 도시 기능을 하기 시작했고, 동쪽의 침입자들로부터 자신들을 방어하기 위한 요새로 지어졌다. 현재 작은 육교로 육지와 연결되어 있는 모넴바시아는 "단 하나의moni+입구emvasia"라는 뜻을 가지고 있다.

자연이 만든 천혜의 요새답게 콘스탄티노플을 정복한 제4차 십자군은 그 여세를 몰아 펠로폰네소스 반도를 점령했으나 모넴바시아의 경우는 3년이란 긴 시간 동안 고립작전을 펼친 끝에야 겨우 정복할 수 있었다.

"만약 모넴바시아를 얻지 못한다면 난 빈손이나 마찬가지다"라고 외치는 빌라르두앵에 맞서 작은 섬 안의 그리스인들은 고양이와 쥐를 잡아먹고, 심지어 서로를 뜯어먹으면서까지 버티며 저항했다.

모넴바시아는 좁고 구불구불한 길을 따라 바다를 바라볼 수 있는 카페와 어여쁜 가게들이 즐비하다.

서로의 살을 뜯어먹어가면서도 버티고 또 지키고자 했지만, 결국 프 랑크족에게 빼앗긴 뒤, 상실의 고통으로 퍼렇게 멍든 심장을 천 번을 담갔다 뺀 것마냥 바다는 저 혼자 푸르다.

Crete

15

크레타

이라클리온. 크레타가 베네치아의 지배하에 있는 동안 지어진 베네치아 성벽

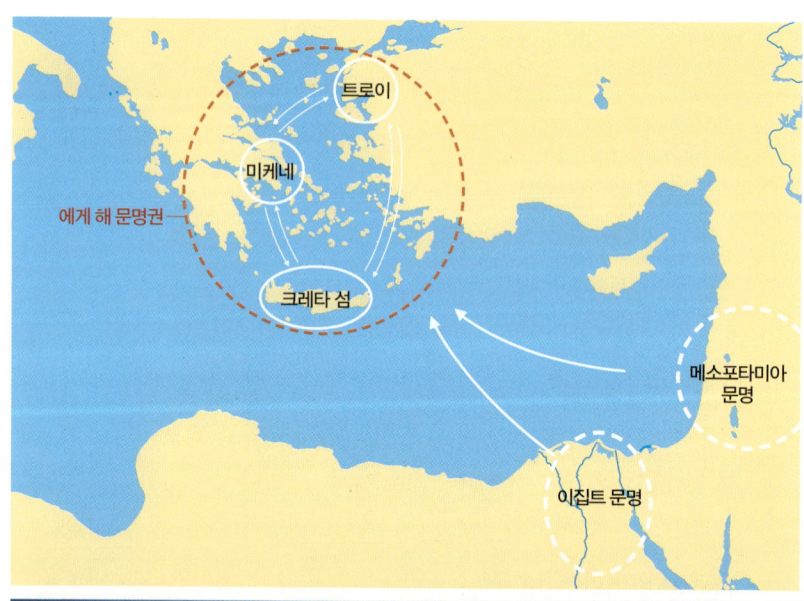

크레타에서 시작하다

아프리카, 아시아 그리고 유럽 대륙이 감싸 안은 바다, 지중해, 그 중에서도 에게 해에는 크레타라는 섬이 있다. 지금으로부터 약 5천~6천 년 전, 크레타를 비롯한 인근 섬들은 메소포타미아와 이집트 등의 동방문화를 흡수해 하나의 문명을 일으켰는데, 이를 미노아 문명이라고 한다. 대체로 기원전 3650년경에 시작된 미노아 문명은 기원전 1500년경, 인근 섬의 화산폭발과 북녘 그리스 반도에서 내려온 미케네의 세력 확대에 밀려 몰락의 길로 들어섰다.

아이만 태어나면 낳는 족족 삼켜버리는 크로노스를 피해, 레아는 막내인 제우스를 낳기 위해 이곳 크레타로 도망쳤다. 제우스는 훗날 페니키아의 공주 에우로페에게 마음을 뺏기는데, 유혹을 위해서는 세상 못하는 게 없던 그가 이번엔 황소로 둔갑해 그녀에게 접근했다. 어여쁜 소에게 흔들린 에우로페가 잠시 방심하는 사이, 제우스는 그녀를 등에 태우곤 잽싸게 크레타로 넘어왔다. 에우로페는 "유럽"을 의미한다. 크레타에서 시작한 미노아 문명, 그리고 미노아 문명을 멸망시켰으나 그 유산을 듬뿍 품은 미케네 문명, 이 둘은 고대 그리스 문명의 시작이 되었다. 그리고 이 그리스 문명은 곧 유럽 서구 문명의 초석이 되었는데, 제우스가 하필 다른 곳도 아닌 크레타에서 태어났고, 그가 이 크레타로 끌고 온 여인의 이름이 어째서 에우로페(유럽)인지, 이유를 찾는 것이 어렵지 않다.

이라클리온 항구는 크레타에서 가장 큰 항구로 아테네의 피레우스 항과 크레타 인근의 키클라데스 섬들을 잇는 역할을 한다.

〈파시파에와 미노타우로스〉, 그리스 도자기 그림
기원전 340~기원전 320, 파리 메달 박물관

포세이돈의 분노

에우로페는 제우스와의 사이에서 태어난 3명의 아들과 딸 크레페를 데리고 크레타를 다스리던 아스테리오스 왕에게 시집을 갔다. 왕이 죽자 3명의 아들이 왕위계승 전쟁을 벌이는데, 그 중 미노스는 이미 신들이 자신에게 왕국을 맡겼다고 우기면서 그 증거로 자신이 기도를 올리면 바다의 신 포세이돈이 제물로 바칠 황소를 직접 보내줄 것이라고 말한다. 미노스의 기도를 들은 포세이돈은 정말로 흰 황소를 보내 주었는데, 실은 미노스가 포세이돈에게 미리 도움을 요청한 탓이었다. 짜고 치는 고스톱 덕분에 왕이 된 미노스는 정작 포세이돈에게 그 늠름하고 잘 생긴 황소를 돌려주기 아까워 다른 황소를 돌려줘 분노를 사게 되었다.

포세이돈도 성질이 만만치 않은지, 이상한 방식으로 미노스를 응징한다. 그는 미노스의 아내, 파시파에 왕비로 하여금 황소에게 사랑을 느끼게 만들었다. 욕정의 화신이 된 왕비 파시파에는 심지어 당시의 발명왕 다이달로스에게 부탁하여 나무로 암소 틀을 만들게 하고, 자신이 그 안에 들어가는 수고로움도 마다 않고 황소와 사랑을 나누었다. 그리고 그 사이에서 몸은 인간, 머리는 황소인 괴물 미노타우로스가 태어났다.

기겁한 미노스 왕은 다이달로스에게 명해 미노타우로스를 가둘 미궁 라비린토스Labyrinth를 짓게 하였다.

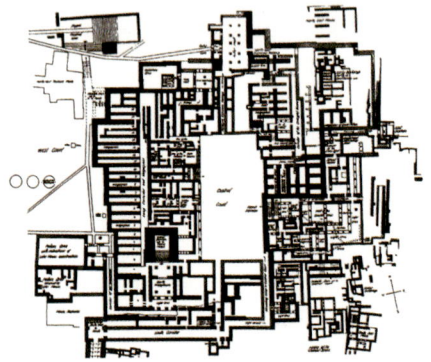

위에서부터
크노소스 궁전
크노소스 궁전 평면도
크노소스 궁전 상상도

크노소스 궁전

미로 같은 궁전

20세기 초 고고학자 아서 에반스Arthur Evans에 의해 발굴된 크노소스 궁은 미노스 왕이 살던 시절, 그의 이름을 딴 미노아 문명이 절정기에 달할 무렵 지어졌다. 수백 개의 방들이 2~5층 규모로, 미로처럼 연결된 거대한 궁전은 지금으로부터 약 3500여 년 전인 기원전 1700년경에 건설된 것으로 추정하는데, 지진으로 붕괴된 것을 다시 재건하여 거의 기원전 1400년경까지 사용되었다. 그 오래된 시절 2층, 3층 등 높이를 달리한 건물을 지을 수 있었다는 것부터 놀랍다.

고대에 지어진 왕궁 중 가장 규모가 큰 것 중 하나로 평면도에서 보는 바와 같이 좌우대칭 개념이 전혀 없고, 방의 크기도 제각기 다를 뿐만 아니라 그 위치들도 워낙 복잡하게 얽혀 있어서 '미궁'(흔히 '라비린토스'라고 말한다)으로 불리었는데, 괴수 미노타우로스의 이야기도 이런 건물구조에서 비롯된 이야기로 추정할 수 있다. 육중한 성문이 없고 높고 단단한 성벽도 없어 방어적인 성격이 약해 보이지만, 미로 같은 구조 자체가 이방인들에겐 길을 잃기 딱 좋은 구조로 보인다.

크노소스 궁전, 기원전 1700~기원전 1400, 크레타

크레타 전성기에는 이 궁전과 인근 건물에 약 4만 명 정도의 인구가 밀집해 있었다고 한다. 개방적인 성격의 크레타인들은 높은 성벽을 쌓는 대신 미로 같은 궁을 지어, 외부인이 침입해 들어왔다 스스로 길을 잃고 헤매게 만드는, 소극적 방어를 했던 것으로 보인다.

〈황소 뛰어넘기〉, 기원전 1700~기원전 1400년경
크레타 크노소스 궁전

황소 뛰어넘기

크레타인들에게 미노타우로스의 신화가 생긴 것은 그들이 황소를 특별히 숭배했기 때문일 수도 있다.(p.139 참조) 크노소스 궁전은 수많은 벽화들로 가득 차 있었는데, 그중 〈황소 뛰어넘기〉 그림은 리듬감이 느껴지는 황소의 유연한 등과 그 뿔을 잡고 있는 사람, 또 등에 올라타 재주를 부리는 사람 등이 등장한다. 이들은 덩치 크고 힘이 센 소에 대한 두려움을 놀이로 극복하려는 듯하다. 이 그림은 프레스코화로, 벽에 회반죽을 바른 뒤에 그것이 마르기 전, 축축한 상태일 때 물에 색 안료를 섞어 그리는 그림이다. 주로 대형 벽에 그리는 용도로 쓰이는데, 보존성이 좋아 벽이 무너져 사라지지 않는 한은 거의 사라지지 않는 편이다. 몇몇 그림은 깨어지고 부서진 벽체들을 낱낱이 찾아 이으면서 그 모습을 다시 되찾았지만, 때로 에반스는 과도한 상상력으로 오히려 원래의 모습을 상실하기도 했다. 특히 이 작품은 그 흔적이 거의 사라져 버린 것을 에반스의 상상에 따라 그가 고용한 화가 피에트 데 용Piet de Jong이 재구성한 것이다. 에반스의 크노소스에 대한 과도한 애정은 '위대한 발굴'의 끝을 '잘못된 복원'으로 마무리해버려 두고두고 지탄의 대상이 되었다.

크노소스 북측 회랑 궁정의 북측, 세관 건물

콘크리트로 지은 크노소스 궁

'테라스'라는 이름으로 불리는 이 건물은 바다가 훤히 내려다 보이는 곳에 위치해 있었다. 당연히 외부로부터 물건을 싣고 들어온 배들을 감시할 수 있었던 터, 그들에게 적절한 세금을 부과할 수 있어 세관 건물로 사용되었을 것으로 추정한다. 위는 굵고 아래가 가는 특이한 모양의 기둥은 미케네의 사자문에 새겨진 기둥(p.229 참조)과 모양이 흡사하다. 미케네 문명이 크레타의 미노아 문명으로부터 많은 영향을 받았다는 증거이다. 의욕이 과했던 아서 에반스는 사라진 건물의 일부분이나 떨어져 나간 벽화 조각들을 자신의 상상력으로 과감하게 그려낸 뒤 콘크리트를 이용해 메우고, 또 짜맞추기까지 했다. 세관건물 역시 콘크리트 세례를 받았는데, 역시나 그의 상상력이 지시하는 대로 피에트 데 용이 그려넣은 울긋불긋한 색의 벽화로 장식되어 있다.

위 독수리 머리에 아름다운 벼슬, 그리고 사자의 몸을 한 그리핀
아래 옥좌의 방

옥좌의 방

아마도 왕의 접견실 정도로 사용했을 것으로 추정되는 옥좌의 방은 '왕'이라는 단어와 함께 따라다니는 거대함, 화려함 혹은 특별함이 없이 소박해 보이기까지 하다. 옥좌와 이어진 긴 돌 의자에 앉은 사람들은 회의에 참석하거나 멀리서 온 사신들이었을 것이다. 정면의 둥근 돌그릇은 화로로 추정되는데, 정화수를 떠놓는 그릇으로 보는 이도 있다. 벽면에는 독수리 머리에 아름다운 벼슬, 그리고 사자의 몸을 한 전설의 동물 그리핀Griffon이 그려져 있다. 식물 모양의 띠장식과 문양이 함께 하는데, 이 벽화 역시 피에트 용의 복원작품이다.

옥좌의 방 건물

성 티투스 교회

사도 바울의 제자이자 크레타 최초의 주교였던 성인 티투스를 위해 지어진 교회로 6세기 말 지어졌다. 이슬람에 의해 파괴되고, 비잔티움제국 치하 재건되었다가 오스만제국 시절에는 다시 이슬람 사원으로 용도 변경하는 등의 우여곡절을 겪었다. 현재는 그리스정교회 교회로 사용되고 있다.

위 '베네치안 로지아(Venetian Loggia)'라고 불리는 이 건물은 현재 시청사로 사용되고 있다. '로지아'는 이탈리안식 건축 양식으로 한쪽은 건물 내부의 방 벽으로 이어지고 한쪽은 아치로 이어진 개방형으로 밖과 통하게 되어 있다. 발코니나 베란다 정도를 생각하면 된다.

아래 **이라클레이온의 중심가 화장품 가게**
이곳에서도 한국산 화장품이 인기이다.

이라클레이온 항구를 지키는 베네치아 성채의 모습이다. 오른쪽으로 배가 드나들고 비행기가 착륙하는 모습도 어우러져 여행의 맛이 살아난다.

이라클레이온

에게 문명 즉 미노아 문명이 쇠락한 뒤부터 크레타는 오랫동안 미케네인들의 지배를 받아왔고, 이어 헬레니즘기를 거쳐 로마, 그리고 13세기부터 400여 년간 비잔티움제국, 이어 200여 년간은 오스만투르크인들의 지배하에 있었다.

크레타는 유럽, 아시아, 아프리카 대륙이 면하는 바다길 한가운데 속해 있다. 크레타의 힘이 강할 때에는 밖으로 뻗어나갈 수 있는 가장 훌륭한 지정학적 요소가 되지만, 국력이 약해졌을 때에는 사방팔방에서 자신을 노리는 적들에게 몸을 내줘야 한다.

이라클레이온, 고대 그리스어로 헤라클리온은 그리스 전역에서도 4번째로 큰 도시이다. 베네치아 공화국의 지배를 받는 동안은 큰 성곽으로 도시 전체가 둘러싸여 있어, '메갈로 카스트로(Megalo Kastro, "큰 성곽"이라는 뜻)'라고 불렸다. 이후, 오스만제국의 지배를 받는 동안은 '칸디아Candia'로 불린다.

이라클레이온
베네치아 요새 인근 바다 제방

카잔차키스, 나는 자유다

나는 자유다

그리스가 낳은 대문호 카잔차키스의 묘지는 베네치아 지배하에 쌓은 거대한 성벽 위에 있어, 아래로 아기자기한 집들과 에게 해의 푸른 바다가 자유라는 달콤한 유혹처럼 찰랑댄다. 1883년 이라클레이온에서 태어난 그가 이곳에 묻힌 것은 그저 여기 출신이라서만은 아니다. 그리스 정교회가 신성모독으로 파문당한 그를 아테네에 묻을 수 없다고 거부한 탓이다. 파문 당한 이들은 나무 십자가만 사용하게 하는 그리스 정교회 덕분에 세계적인 대문호의 묘지치고는 소박해 보이는데, 한편으로는 그래서 더 카잔차키스스럽다는 생각이 든다.

그는 중국 공산당의 초청으로 중국을 방문했다가 독감에 걸려 독일의 한 병원으로 이송되었다가 병세를 이기지 못하고 1957년 74세로 세상을 떠났다. 이력에서 짐작하듯이 카잔차키스는 기독교인들의 심기를 불편하게 하는 자로, 그 시절 지식인들이 대부분 그러하듯, 공산주의 사상에 경도된, 그러나 기대만큼 실망도 할 줄 알았던 인물이었다.

카잔차키스가 태어날 당시 크레타는 오스만제국인 터키의 지배하에 있었다. 아버지와 할아버지는 모두 크레타의 독립 운동에 가담했던 만큼, 카잔차키스는 모태 민족주의자에 가까웠고 누구보다 자유에 대한 갈망이 컸다. 모든 속박으로부터의 자유를 부르짖는 『그리스인 조르바』의 저자답게, 묘비명 또한 그가 죽기 훨씬 전 미리 준비해두었던 글귀로 이루어져 있다.

"나는 아무것도 바라지 않는다.
나는 아무것도 두려워하지 않는다.
나는 자유다."

그리스 정교회에서는 파문당한 사람의 묘에는 나무 십자가만 세우도록 한다

나만큼 양심 깨끗하시길!

1902년 아테네로 건너가 아테네대학에서 법학을 공부하였고, 재학 시절 이미 문인으로 인정받았던 그는 신문사에서 근무하다 파리로 유학 가 베르그송이나 니체 등의 철학을 공부했는데, 특히 '신의 죽음'을 선포한 니체에 상당한 영향을 받았다. 그는 1927년 44세에 발표한 『신을 구하는 자』로 인해 무신론자라는 혐의를 받았다. 이후 『미할리스 대장』과 『최후의 유혹』을 쓴 70세 노장은 그리스 정교회로부터 신성모독이라는 거친 비난을 받아야 했고, 이듬해 『최후의 유혹』은 아예 로마가톨릭에서조차 금서로 지정할 정도가 되었다. 그리스 정교회로부터 파문 당한 뒤, 카잔차키스의 소설은 한동안 그리스에서의 출간이 금지될 정도였다.

이런 교회 관계자들에게 카잔차키스가 보낸 편지에는 『그리스인 조르바』의 털털한 유머를 떠올리게 하는 구절이 있다.

"성스러운 사제들이여, 여러분은 나를 저주하나, 나는 여러분을 축복합니다. 여러분께서도 나만큼 양심이 깨끗하시길, 그리고 나만큼 도덕적이고 종교적이시기를 기원합니다."

죽음으로 삶을 누린다

너무나도 유명한 그의 묘비 글은 히브리어로 "감사합니다"라는 뜻을 가진 카잔차키스의 소설 『토다 라바』에, 작가 자신과 가장 흡사해 보이는 인물 게라노스가 한 말 중에 이미 등장한다.

"배를 타고 가던 한 힌두교도가 큰 폭포 쪽으로 그 배를 밀어내는 물살을 거스르기 위해 오랜 시간 싸웠다. 그 위대한 투사는 모든 노력이 소용없다는 것을 깨닫자, 노를 걸쳐 놓고 노래를 부르기 시작했다. 아! 내 인생이 이 노래처럼 되게 하자. '나는 아무것도 바라지 않는다. 나는 아무것도 두려워하지 않는다. 나는 자유다!'"

이는 마음을 비워 탐욕에서 벗어나기를 늘 주장하는 불교의 가르침과도 비슷한데, 짐작한 대로 그는 불교에도 심취해 있었던 것으로 알려져 있다. 하지만 살아서 숨 쉬는 인간인 이상 '아무것도 원하지 않는' 일이 가능할까 싶다. 누구도 '바라지 말라'고만 말했지, '바라지 않는 법'을 가르쳐주지 않는다. 불가능하기 때문이다. 아무것도 바라지 않는 일은 죽은 자의 몫이다.

대체로 삶에 집착하지 않으면 오히려 삶을 즐기게 될 수 있다. 죽는 걸 두려워하지 않으면 삶의 길이가 어찌 되었건 그 질은 확실히 높아지니 말이다. 힌두교도가 노를 놓고 노래 부르는 것은 더도 말고, 덜도 말고 그가 더 이상 바라지 않는 그 무엇으로 '삶'을 지목했기 때문일 것이다.

크레타 409

카잔차키스에게 크레타는
"한 번 부르면 가슴이 뛰고,
두 번 부르면 코끝이 뜨거워지는 이름" 이다.

Santorini

16

산토리니

- Delphi
- Corinth
- Olympia · Mycenae · Athens
- Bassae · Aigina
- Epidavros · Cape Sounion
- Mystras · Sparta
- Monemvasia

Santorini

· Crete

아틀란티스

어느 섬 마을 부부 사이에 예쁜 딸이 태어났다. 곱게 자란 이 아이는 부모가 죽자 호시탐탐 자신에게 눈독을 들이던 포세이돈과 사랑을 나누게 되었다. 그리고 다섯 쌍의 쌍둥이 아들을 낳게 되었다. 섬은 그 신인神人혼혈 족, 10명의 아들들이 나누어 다스리게 되었는데, 맏형의 이름 아틀라스Atlas를 따와 섬 이름을 아틀란티스, 주변 바다를 아틀란틱(Atlantic, 대서양)이라고 부르게 되었다.

그 아들들의 후손들이 대를 이어 지도자로 군림하면서 섬은 점점 지상낙원이 되어갔다. 신적인 것과 인간적인 것이 결합된, 그

리하여 가장 완벽한 성격을 지닌 이들이 지도자가 되었으니 그야말로 태평성대의 날을 보낼 수밖에 없었을 것이다. 그러나 시간이 지남에 따라 이들은 신적인 성스러움에서 멀어지면서 인간적인 성품만 남게 되어 사악해지고 속물화되어 갔다. 교만해진 인간을 벌하기 위해 제우스 신이 나섰다. 아테네와 전쟁을 벌이던 아틀란티스 인들은 아테네 편을 든 제우스 때문에 의문의 1패를 당해야 했다. 제우스는 그것만으로도 성이 차지 않았던지, 지진과 해일 등의 자연 재해를 일으켜 아틀란티스를 사라지게 해버렸다.

산토리니

플라톤의 『티마이오스』(기원전 360년경)에 따르면, 아틀란티스는 3가지 색의 돌을 이용하여 다채로운 문양의 건축물을 지었는데, 도시가 금과 은으로 덮혀 있을 정도였지만, 하룻밤 만에 바다 저 깊은 곳으로 사라졌다 한다. 학자들은 이 아틀란티스를 플라톤이 자신이 생각하는 이상적인 도시국가의 모습을 설명하기 위해 만든 상상의 장소로 생각해왔지만, 더러는 실재했던 곳이라 믿고 그를

찾는 시도를 하기도 했다.

　어쩌면 플라톤은 이 상상의 도시를 구체화하기 위해 트로이 전쟁, 혹은 티라Thira 화산 폭발 등을 참고했을 수도 있다. 하지만 어떤 이는 고도의 문명이 잉태되고 전개 되었던 크레타의 미노아 문명을 들면서, 바로 그 크레타 인근의 화산 폭발로 섬의 대부분을 날려버린 산토리니를 아틀란티스로 보기도 한다.

초승달을 닮은 산토리니 섬

티라 섬의 화산 폭발(기원전 1650년에서 기원전 1500년 사이로 추정)은 인류 역사상 두번째의 큰 규모로 알려져 있다. 이 폭발로 일부는 가라앉으며 지금의 초승달 지형으로 남았다.

초승달로 태어나다

크레타의 미노아 문명이 멸망한 것은 미케네 문명의 확장이 주된 요인이었지만, 그보다는 기원전 1650년에서 기원전 1500년 사이, 지금의 산토리니를 일컫는 티라Thira 섬의 화산 폭발도 한몫을 했다. 당시 폭발은 반경 약 1,000km의 범위까지 영향을 미쳐 이집트, 팔레스타인 등에까지 피해를 입혔다. 그러니 고작 120km 남짓 거리에 있는 크레타 섬이 어쨌을지는 짐작하기 어렵지 않다. 화산재가 날아들었고 쓰나미가 일었다. 이 통제되지 않는 자연 재해가 하나의 문명을 바다 밑으로 가라앉히는 동안, 정작 티라는 섬의 둘레 일부와 봉우리로 남아 초승달 모양의 어여쁜 지형으로 재탄생했다.

산토리니라는 이름은 베네치아가 이 섬을 지배하던 1204년에 만들어졌는데, 배가 정박하는 항구 인근에 있던 산타 이리니Santa Irini라는 교회 이름으로 지명을 대신하다 산토리니가 되었다.

그리스 국기를 닮다

산토리니의 서쪽은 대체로 절벽으로 이루어져 있고, 동쪽은 낮고 평평한 해안으로 이루어져 있다. 집들은 주로 절벽 쪽에 지어졌다. 대체 길이 있을까? 싶은 곳에 길이 과연 있고, 설마 길이 없겠지 하는 곳에 길이 이어져, 골목을 이루고 마을이 만들어졌다.

1537년부터 오스만제국이 그리스를 지배하면서 그리스 국기 사용을 금지하자, 섬 사람들은 흰색 벽에 파란색 지붕으로 그리스인으로서의 동질감을 표현하기 시작했는데, 가파른 절벽의 하양과 파랑의 자그마한 집들은 산토리니를 비롯한 에게 해, 그리스어권 섬의 상징이 되었다. 아직도 화산 활동 중인 산토리니는 중심이라 할 수 있는 피라 마을과 해질녘 노을로 유명한 북쪽의 이아 마을, 붉고 거친 모래가 이색적인 해변들, 그리고 화산 폭발시 재에 묻혀 있다. 발굴된 미노아 문명 유적지인 아크로티리Akrotiri, 아기자기한 골목길, 예쁜 상점, 갤러리 등이 함께하는 세계 최고의 휴양지 중 하나로, 사라지지 않는 아틀란티스의 신화를 다시 쓰고 있는 중이다.

에필로그

"내가 아름다운 라케다이몬에서 처음 그대를 빼앗아 바다를 여행하는 함선에 태워오던 길에 크라나에 섬에서 그대와 사랑을 나누고 잠자리에 들었을 때도 이렇지는 않았소. 그만큼 지금 나는 그대를 사랑하며, 달콤한 욕망이 나를 사로잡는구려"

호메로스, 『일리아스』 3권 중에서

헬레네를 두고 그녀의 남편, 메넬라오스와의 결투에서 완전히 패한 뒤, 아프로디테의 도움으로 간신히 목숨을 건진 파리스가 헬레네에게 한 말이다.

파리스의 헬레네에 대한 사랑이 '언제나 첫날밤', 아니 '언제나 첫날밤보다 더한 밤'인 것처럼 그리스에 매료된 사람들은 그리스를 늘 '처음처럼' 그리고 '처음보다 더' 사랑하게 된다. 그것이 어느 신이 걸어둔 마법 탓인지는 모르지만 말이다.

헬레네와 파리스가 첫날밤을 보낸 크라나에 풍경

**신화로 읽고
역사로 쓰는
그리스**
© 김영숙 2017

초판 1쇄 | 2017년 7월 20일
초판 2쇄 | 2019년 4월 10일

지은이 김영숙
펴낸이 이동석
펴낸곳 일파소

출판등록 2013년 10월 7일 제2013-000294호
주소 서울 마포구 만리재로 20-5, 4층 (04195)
전화 02-6437-9114 (대표)
e-mail ilpasso@naver.com

ISBN 979-11-959319-3-4 (04900)

책값은 뒤표지에 있습니다.
파본은 구입하신 서점에서 교환해 드립니다.
이 책을 무단 복사, 복제 전재하는 것은 저작권법에 저촉됩니다.
이 책에 수록된 사진 대부분은 저자가 직접 촬영한 것으로 저작권은
저자에게 있습니다. 일부 저작권자를 찾지 못한 사진은 차후에라도
저작권자가 확인되는대로 적법한 절차를 따르겠습니다.

ελλάδο